現代社会学ライブラリー 15

子育てと仕事の社会学

女性の働きかたは変わったか

西村純子
Junko Nishimura

Library of Contemporary Sociology

弘文堂

子育てと仕事の社会学｜目次

はじめに

「女性が働くようになった」といわれる。それは本当なのだろうか。あるいは、それはどのような点で本当で、どのような点で違っているのだろうか。この問いが、本書の出発点である。

わたしは、女性の働きかたについてのイメージは、その人がどんなメディアに接するか、どんなコミュニティで暮らしているかに大きく依存してしまうのではないかと感じてきた。

たとえば、女性雑誌のひとつを手に取れば、賢く倹約し、巻末に紹介されている比較的短期間で取得できる資格を取って、少し仕事をしながら、主婦業を中心に楽しんでいくような暮らしが大きく打ちだされている。一方で、異なる雑誌を開いてみると、おしゃれで子育てもこなすワーキングウーマンの多忙な１日が、時間単位、分単位で紹介され、家事を効率よくこなすコツが紹介されていたりする。それぞれの雑誌には、まったく異なる女性の生きかたが紹介されているのだけれど、ひとつ読むたびごとに、そのどれもが今の社会の「主流」の生きかたであるような印象をもってしまう。

あるいは、子どもの小学校のクラスで、学童に通う子どもが少なければ、働く女性は少ないのかなと思い、でも隣の小学校では、学童に入っている子どもが大半だという話を聞けば、やっぱり働く女性が増えているのかなと思ったりする。

こうしたメディアから伝わる断片的な情報やイメージ、自分の限られた経験から得た印象のひとつひとつは、どれも間違いではなさそうである。けれども、「で、どうなの？」というところに釈然としないものが常につきまとっていた。そこを、できるかぎりデータにそくして明らかにしてみたいと思ったのが、本書をまとめたいと思った大きな理由である。

女性の就業にかんするデータや数値は、新聞をはじめとするメディアをとおして、日々、目にすることも多い。わたし自身これまで、女性の就業にかんするさまざまな調査データや、その分析結果についての情報を積極的に集めてきた。けれども、ひとつの調査データは、ある特定の時代における、ある特定の世代の傾向を明らかにするけれども、その傾向が異なる時代の、異なる世代の傾向と比べてどうなのかということは、すぐさまにはわからないことも多い。また、ある調査データで「女性の就業継続率○%」という数値がでていると、その数値の高低のみで、女性の就業継続についての、ひとつのイメージをつくってしまいがちだ。けれど、それがいつからいつまでの就業継続であるのか、また、ある時点で就業していた女性のうちの就業継続者の割合なのか、それとも（ある時点で就業していなかった人も含めて）その世代の女性全体のなかで就業を継続した人の割合であるのかで、その数値はまったく異なる意味合いをもつ。こうしたさまざまな情報を整理したうえで、女性の就業の趨勢について、どんなことがいえるのかも明らかにしてみたいと考えていた。

すなわち本書では、2つの問いにとりくむ。ひとつは、女性の働きかたが変わったのかどうかである。現在の段階で公表されている調査データの数値、あるいはわたし自身が分析することのできるデータをもちいて、戦後から現在にかけての女性の働きかたの趨勢を明らかにしたい。もうひとつの問いは、女性の働きかたが変わったとしたら、また変わっていなかったとしたら、それはなぜなのかである。結論を先取りするなら、現在の段階で出産・育児期の就業行動を分析できる中での若い年代である、1970年代生まれにおいても、以前の世代と比べて出産を経ても就業継続する女性が増えているという傾向は確認されなかった。それがなぜなのかについて、本書では、女性の就業行動に関連する要因を析出することによって考察する。

本書では、女性のなかでもとりわけ、子どもを育てる女性に注目し、その就業について考える。それは、「女性が働くようになった」といわれるとき、しばしば「子どもを産んでも働き続ける女性が増えた」、「子どもを育てながら働く女性が増えた」というようなニュアンスで語られる場合が多いからである。女性が子どもを育てながら働くことについて、これまでの日本はどのような社会であったのかを考察し、そこから今後にむけての展望をえがいてみたい。

まずは第1章で、女性の就業行動の傾向やその変化が語られるときに、しばしば持ちだされる、女性の就業率の「M字型カーブ」について、それが何を語り、何を語っていないかを考察することから始める。

続く第2章では、結婚や出産を経た女性の就業の趨勢について検討する。これまでに公表されているさまざまな調査データの数値と、本書でもちいる「消費生活に関するパネル調査」の分析結果から、おおむね1940年代生まれから1970年代生まれにかけて、結婚時の就業率、結婚を経た就業継続率、また、第1子出産時の就業率、第1子出産を経た就業継続率にどのような変化があったのかを論じる。

第3章では、女性の就業行動の趨勢を説明しうるような理論的パースペクティブについて論じる。女性の就業行動と社会との関係を、マクロ・メゾ・ミクロのレベルにわけ、どのような理論にもとづいて、女性の就業行動が説明されてきたかを検討する。

第4章では、前章で検討した理論的パースペクティブによって導かれた、女性の就業行動を左右する要因が、戦後の日本社会においてどのように変動してきたかを論じる。マクロ・レベルではグローバリゼーションのもとでの日本経済の状況と、戦後の日本社会の福祉国家としての歩み、メゾ・レベルでは戦後日本の労働市場の構造変動と、家族のありかたや女性の就業に関連する社会政策の展開について概観する。また、ミクロ・レベルでは、ソーシャル・サポート要因としての親族による育児や家事援助と夫の家事・育児参加の傾向、高学歴化の趨勢や家計の収入水準の動向などについて論じる。さらに、このような戦後日本社会の変動のなかで、異なる世代の女性が、それぞれどのような社会状況のなかで出産・育児・子育て期をむかえたかを確認する。

第5章では、出産・育児期の女性の就業の規定要因について検討する。1940年代生まれから1970年代生まれの女性の就業行動にかんする、これまでの知見をふまえたうえで、戦後の社会状況の変化のなかで、おそらく「変わる」ことが期待されたであろう、1960年代および1970年代生まれの女性を対象に、出産・育児期の就業の規定要因について分析する。

第6章では、出産後からポスト育児期にかけての女性の就業キャリアとその規定要因について検討する。第1子出産時に就業していなかった女性の再就職行動、また、再就職したのちの、さらなる就業変化について分析するとともに、第1子出産時に就業していた女性の退職リスクの規定要因についても検討する。

第7章では、シングルマザーの就業キャリアについて検討する。シングルマザーになってからの就業状況を一定期間キャリアとして追うとともに、経済的に安定した生活をおくるという観点から、正規雇用への変化と退職のリスクの規定要因について分析する。そこから、子育てのただなかにあるシングルマザーの就業に、何が障壁となっているかを論じる。

第8章では、本書でおこなったデータ分析の知見、および、異なる社会との比較のなかでの、子どもを育てる日本の女性の働きかたの特異な側面をふまえたうえで、本書の分析からみちびかれる、とりわけ子どもを育てる女性の働き方が「変わる」ための、いくつかの提案をしたい。

なお、本書でおこなったデータ分析には、公益財団法人家計経済研究所が1993年から継続的に実施している「消費生活に関するパネル調査」の1993年から2008年（初年度から第16年度）のデータをもちいた。この調査は、1993年に24～34歳（1959～1969年生まれ）の全国の女性を対象に毎年継続的におこなわれており、1997年からは1970～1973年生まれ、2003年からは1974～1979年生まれ、2008年からは1980～1984年生まれを新たに追加して、調査がおこなわれている[1]。本書ではおもに、2008年までのあいだに、その多くが出産・育児・子育て期をむかえていると思われる、1960年代および1970年代生まれの女性についての分析をおこなっている。

1　本調査の詳細については、公益財団法人家計経済研究所の「消費生活に関するパネル調査」についてのホームページ（http://www.kakeiken.or.jp/jp/jpsc/index.html）を参照されたい。

第1章 「女性の社会進出」？
――M字型カーブが示すもの

M 字型カーブとその変化

「女性が外で働くようになった」「女性の社会進出が進んだ」といわれることがある。それは本当なのだろうか。あるいは、どのような意味で正しく、またどのような意味で正しくないのだろうか。

女性の就業行動の傾向や、その変化が語られるときにしばしば持ちだされるのが、その年の女性の就業率を年齢別にプロットしたグラフである。そのグラフの形状が、日本の女性については「M」のかたちを描くことから、そのグラフは女性の就業率の「M字型カーブ」と呼ばれている。

実は、多くの欧米諸国ではM字型カーブはみられず、年齢別の女性の就業率のカーブは台形を描く。図 1-1 で示したグラフが示すように、スウェーデンやアメリカ合衆国のように 20 歳代後半から 30 歳代にかけての就業率の落ちこみがみられない社会もある。その一方で、韓国のようなM字を描く社会もあることから、日本の女性の就業行動を他の社会と比較する際にも、M字型カーブが持ちだされることがある。

図 1-2 は、1970 年、1990 年、2010 年の日本の女性の年齢階級別の就業率を示している。各年ともに折れ線はMのかたちを描いている。しかし 40 年間の変化に注目すると、最近になるほど M 字の谷間が浅くなり、20 歳代から 30 歳代前半にかけての就業率が上がっている。いちばん新しい 2010 年では、折れ線は M 字から、より台形に近づいている。

こうしたM字の形状の変化から、何を読みとることができるだろうか。M 字の谷間にあたる 20 歳代後半から 30 歳代前半は、多くの女性が結婚・出産・育児を経験する年齢層である。M 字の谷間が新しいデータほど浅くなっているということは、「若い人たちほ

図 1-1　日本・韓国・スウェーデン・アメリカ合衆国における年齢階級別女性就業率（2010 年）

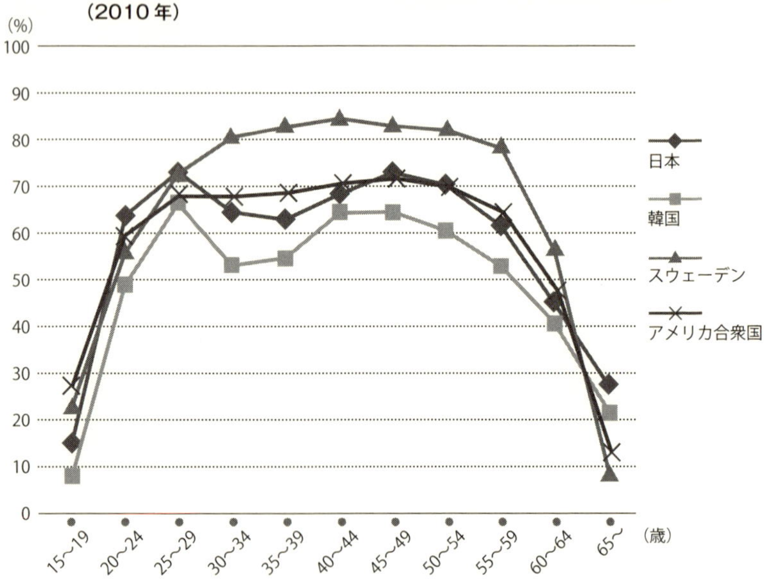

（備考）日本は総務省「労働力調査」、韓国・スウェーデン・アメリカ合衆国は ILO “ILOSTAT” より作成。

ど結婚や出産・育児にかかわらず就業を継続するようになった」ことを示しているようにも思える。しかし図 1-2 のデータから、そのように結論づけることはできない。なぜなら図 1-2 で 20 ～ 24 歳のカテゴリーに含まれる女性が 40 ～ 44 歳になったときの就業率は、同じ折れ線ではなく、20 年後の 1990 年の 40 ～ 44 歳の値をみなければならないからだ。

そこで、年齢階級別女性就業率を、出生コーホート[2]ごとに表示

2　コーホートとは、ある地域や社会において、人生における同一の重大なできごとを一定の時期に経験した人々をさす（中村隆，1993）。「出生コーホート」とは、同時代に生まれ、それゆえに社会・歴史的なできごとを同一の年齢時に経験した集団である。

図 1-2　年齢階級別女性就業率の変化

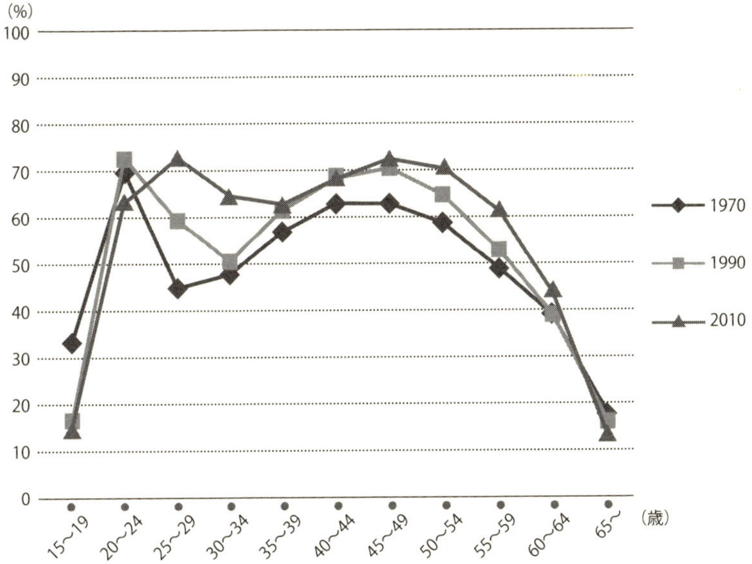

（備考）総務省「労働力調査」より作成。

しなおしてみたのが図 1-3 である。図 1-3 では、1941-45 年生まれ、1951-55 年生まれ、1961-65 年生まれ、1971-75 年生まれ、1981-85 年生まれの各出生コーホートについて、「15-19 歳」のときから「60-64 歳」のときの就業率をあらわしている。データの制約上、1941-45 年生まれについては「25-29 歳」以降のデータに限定され、1981-85 年生まれについては「25-29 歳」までのデータに限定されている。

図 1-3 をみると、M字の谷間は若いコーホートほど浅くなっていることがわかる。1981-85 年生まれについては 30-34 歳時の就業状況はまだわからないものの、少なくとも 1941-45 年生まれか

図 1-3　出生コーホート別年齢階級別女性就業率

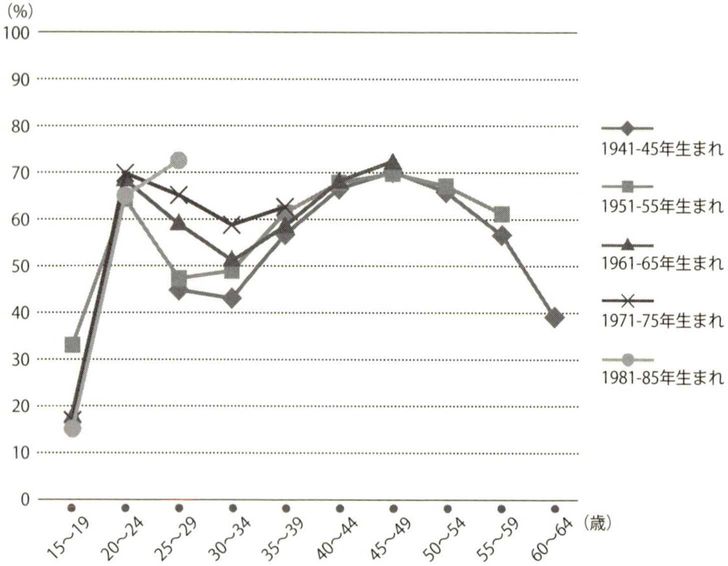

（備考）総務省「労働力調査」より作成。

ら 1971-75 年生まれにかけて、20 歳代後半から 30 歳代前半の就業率はだんだん上昇している。（一方で 40 歳代の就業率は、1941-45 年生まれから 1961-65 年生まれにかけて、それほど大きく変化していないことも読みとれる。）ここから、1941-45 年生まれから 1971-75 年生まれにかけて、20 歳代後半から 30 歳代前半の時期の女性が、より多く働くようになったといえそうである。

M 字の変化が語ること／語っていないこと

女性の就業率が増加した 20 歳代後半から 30 歳代前半は、前述したように多くの女性が結婚や出産・育児を経験する時期である。

では、図 1-3 のデータをもって、若い女性ほど結婚や出産・育児にかかわらず就業を継続するようになったといえるだろうか。答えは否である。M字の谷間は、結婚や出産・育児にかかわらず就業を継続する女性が増えなくても、以下のような要因によっても浅くなりうるからである。

第 1 に、女性の晩婚化や非婚化によって、20 歳代後半から 30 歳代前半の女性の就業率は上昇しうる。厚生労働省が発表している人口動態統計によると、女性の平均初婚年齢は 1970 年には 24.6 歳であったのが、1990 年には 26.9 歳、2010 年には 29.8 歳と上昇している。また国勢調査より未婚率を算出すると、25-29 歳女性の未婚率は、1970 年には 18.1%であったのが、1990 年は 40.2%に上昇し、2010 年では 58.9%に達し、30-34 歳女性では、1970 年 7.2%、1990 年 13.9%、2010 年 33.9%と上昇している。このような結婚を遅らせる女性の増加によって、20 歳代後半から 30 歳代前半の就業率が引き上げられている可能性がある。

第 2 に、M 字の谷間は、多くの女性が結婚や出産・育児による短い中断期間ののち、より早い段階で再就職することによっても、浅くなりうる。つまり就業中断の期間の短期化と再就職率の増加によっても、20 歳代後半から 30 歳代前半の就業率は上昇しうる。

このように、年齢別就業率の M 字の形状の変化から、読みとれることは限定的である。そこからは確かに、1940 年代生まれから 1970 年代生まれにかけて、20 歳代後半から 30 歳代前半の女性のより多くが働くようになったことを読みとることができる。しかし、だからといって、このデータをもって「若い女性ほど、結婚や出産・育児にかかわらず就業を継続するようになった」と結論づけてはならない。なぜなら図 1-3 のような年齢階級別就業率のデータは、ある特定の出生コーホートの、ある年齢層の女性のうち、「どんな」女性が就業しているかについては、何も示していないからである。さらに、そのデータからは、ある特定の出生コーホートの女性たちが、いつ退職し、再就職したのか、就業中断の期間はどのくらいであったのか、それが出生コーホート間で変化したのかなど、女性の就業キャリアについても明らかにすることはできない。

M字型カーブの底が浅くなっているという事実は、「若い女性ほど、結婚や出産・育児にかかわらず就業を継続するようになったのではないか」とか、「若い女性ほど継続就業によって、キャリアを積む女性が増えたのではないか」といった、さまざまな「憶測」を生む。しかしM字の形状の変化それ自体は、結婚や出産といったライフイベント経験と就業継続との関係や、女性の就業キャリアとその変化などについては、何も語っていないことには留意する必要がある。

本書では、1940年代生まれから1970年代生まれにかけての女性の就業行動の、何が変化し、何が変化しなかったかについて明らかにしていく。詳しく分析するのは、おもに1960年代および1970年代生まれであるが、「どんな」女性が働いているか（結婚・出産といったライフイベントとの関連や、女性自身のこれまでの経歴や家族状況との関連など）、および、女性たちが「どのように」働いているのか（就業形態や職業、退職・再就職のタイミングや就業中断といった就業キャリア）に注目する。そこから、ここ50年の社会経済的変動のなかで、「子育て」と「仕事」がどのような関係にあり、そこに女性がどのように位置づけられてきたのかを明らかにし、今後にむけての展望をえがいてみたい。

第2章 結婚、出産・育児と女性の就業

結婚や出産・育児を経験した女性のうち、こうしたライフイベントを経て就業継続する女性は増えているのだろうか。ここでは国や民間の研究機関、研究者グループによって集められた、いくつかの全国大規模サンプルによるデータから明らかになっている事柄を確認し、結婚や出産・育児を経験した女性の就業行動が変化したのかどうかについて、検討する。これまで、国や研究機関、研究者グループによって、女性の就業行動にかんして、全国大規模サンプルによるいくつかの継続的な調査がおこなわれてきた。その多くは、調査時点で特定の年齢層にある女性を対象に、同一または比較的類似の調査項目を、調査のたびごとに繰り返したずねるというかたちをとっている。しかし、同じ調査であっても調査年が異なれば、対象者には異なる出生コーホートが含まれる。そのため、「30 歳代」の女性の就業行動であっても、調査年が異なれば、それは異なる出生コーホートの就業行動をあらわす。また異なる調査間では、しばしば女性の就業行動のたずねかた、集計のしかたが異なっているため、たとえば「出産前後の女性の就業継続率」として算出されている数値は、異なる調査間では必ずしも同じ意味合いのものではない。

そこで以下では、まず、異なる調査間の知見を可能なかぎりつなぎあわせ、結婚・出産を経た女性の就業行動について、出生コーホートごとの傾向を明らかにする[3]。さらに女性の就業継続率が、算出のしかたによって、いかにその「みえかた」が異なるかを確認するため、「消費生活に関するパネル調査」をもちいて、いくつかのやりかたで結婚、出産を経た就業継続率を算出し、検討する。

---

3 「出生動向基本調査」、「家庭動向調査」、「21 世紀成年者縦断調査」の分析結果については、報告書や論文として刊行されているもののほかは、総務省統計局「政府統計の総合窓口 e-Stat」（http://www.e-stat.go.jp）よりダウンロードした集計データをもちいて検討した。

1. 結婚を経て就業継続する女性は増加したのか？

結婚時の就業率

まず、結婚時の就業率の、出生コーホートごとの傾向を確認してみよう。

日本労働研究機構（当時）が1991年に実施した「職業と家族生活に関する全国調査」を分析した今田（1996）は、結婚時の雇用就業率をコーホートごとに算出している。そこでは詳細な数値は示されていないものの、1942-46年生まれは50%弱、1952-56年生まれで60%台前半、1962-66年生まれで70%強という結果を得ている。

また、第12回出生動向基本調査によると、結婚後（子どもを1人以上産んでいる場合は「第1子の妊娠がわかったとき」、子どもを産んでいない場合は調査時点）の就業率は、1952-54年生まれで52.8%、1955-59年生まれで55.7%、1960-64年生まれで63.2%、1965-67年生まれで65.1%と報告されている（国立社会保障・人口問題研究所，2003）。

さらに若い世代のデータを含むいくつかの調査の結果をみてみよう。第4回家庭動向調査（2008年実施）によると、「結婚時」ではなく「第1子妊娠時」ではあるが、出生コーホートごとの就業率は、1939-43年生まれで44.9%、1949-53年生まれで56.5%、1959-63年生まれで60.1%、1969-73年生まれで67.3%、1979-83年生まれで73.6%となっている。

1968～1982年生まれを対象に、2002年から毎年実施されている「21世紀成年者縦断調査」の第10回調査によると、調査開始から9年間に結婚した女性のうち、結婚後の就業率は、68.4%

となっている。

上記の調査データの集計は、「就業率」か「雇用就業率」かや、「結婚時」か「結婚後」か、あるいは「第 1 子妊娠時」かなど、どんな時点のどんな数値に着目しているかについて、若干の差異はある。しかし女性の就業率の水準と、出生コーホートごとの数値の推移については、ほぼ似たような傾向を示している。すなわち、**結婚時（あるいは結婚後、ほどない時期）の女性の就業率は、1940 年代生まれでは 50%弱、1950 年代生まれでは 50%台半ば、1960 年代生まれでは 60%強、1970 年代生まれでは 70%程度と、若い世代ほど増加する**傾向がはっきりとみてとれる。

若いコーホートほど就業率が上昇していることに加え、若いコーホートほど、就業者のうちの自営業や家族従業者の割合が減少していること、また、正規雇用者割合が増加するだけでなく、非正規雇用者の割合も同時に増えていることも、確認しておくべき点であろう。第 12 回出生動向基本調査によると、結婚後について、自営・家族従業者の占める割合は、1952-54 年生まれ、1955-59 年生まれ、1960-64 年生まれ、1965-67 年生まれの順に、9.7％→ 8.1％→ 6.3％→ 4.5％と減少傾向をみせるのに対して、正規雇用者割合は、32.6％→ 34.7％→ 39.0％→ 41.5％、非正規雇用者割合（パート、派遣・嘱託）は、10.5％→ 12.9％→ 17.9％→ 19.1％と増加している。

結婚を経た就業継続率

それでは、結婚を経た「就業継続」については、出生コーホートごとにどのような傾向がみられるだろうか。

第 3 回家庭動向調査のデータにおいて、していた仕事を結婚時に継続した人の割合を算出すると、1939-43 年生まれで 21.9％、

1949-53 年生まれで 27.8％、1969-73 年生まれで 38.9％となる。

1995 年「社会階層と社会移動全国調査」（通称：SSM 調査）を分析した吉田（2004）は、「正規雇用継続」に限定したうえで、結婚 1 年後に結婚時と同じ従業先で正規雇用を続けた人の割合を正規雇用継続割合として、その値を出生コーホートごとに算出している。それによると、1941-45 年生まれでは 18.2％であったのが、1951-55 年生まれでは 20.0％、1961-65 年生まれでは 27.5％と、若い出生コーホートほど上昇している。

また第 11 回（1997 年）出生動向基本調査を分析した仙田（2002）は、結婚前に正規職員であった人について、結婚直後の正規職員率を算出し、1950-54 年生まれでは約 40％、1960-64 年生まれでは 40％台後半と報告している。

算出方法によって異なる就業継続率の「みえかた」

ところで就業継続率は、いつからいつまでの継続率を考えるか（結婚前から結婚時なのか、結婚時から結婚後なのか）、正規雇用に限定するか、また就業継続率を算出する際の分母を、対象コーホート全体とするのか、結婚時（または結婚前）に（正規）雇用就業していた人のみに限定するのかなどで、数値が左右される。そこで本書で使用する「消費生活に関するパネル調査」によって、いくつかのパターンで就業継続率を算出してみよう。

「消費生活に関するパネル調査」で分析できるのは、おもに 1960 年代出生コーホート、および 1970 年代出生コーホートの行動である。対象者のうち、結婚年および結婚前年・結婚年・結婚翌年の就業形態がわかる女性に限定し（結婚は初婚に限定）、コーホートごとに傾向を確認した。表 2-1 によると、「結婚年」での就業率は、

表 2-1　1960 年代および 1970 年代生まれの女性の
結婚前年・結婚年・結婚翌年の就業形態

（%）

	1960 － 69 年生（n=918）			1970 － 79 年生（n=623）		
	結婚前年	結婚年	結婚翌年	結婚前年	結婚年	結婚翌年
正規雇用	72.2	45.3	27.8	63.4	45.4	29.4
非正規雇用	12.9	12.4	13.2	20.7	19.4	19.6
自営等	4.1	5.8	6.0	2.6	2.9	3.7
非就業	10.8	36.5	53.1	13.3	32.3	47.4
計	100	100	100	100	100	100

1960 年代生まれでは 63.5%、1970 年代では 67.7%であり、先に確認した他の調査データから得られた数値とほぼ近い値となっている。またコーホート間での就業形態の内訳の差異に注目すると、結婚前年・結婚年・結婚翌年とも 1970 年代生まれのほうが、非正規雇用者の割合が高い。そして結婚年・結婚翌年ともに正規雇用者割合は 60 年代生まれ、70 年代生まれのあいだにそれほど差異はみられないことをふまえると、1960 年代生まれから70 年代生まれにかけて、結婚時の就業率が高まったとすれば、それは正規雇用者ではなく非正規雇用者割合の増加によるものであることが示唆される。

次に結婚前年から結婚翌年にかけての就業継続について検討してみよう。ここではデータの制約上、結婚前年・結婚年・結婚翌年のそれぞれのあいだに就業状態に変化がなかったケースを就業継続したケースと考える[4]。表 2-2 には、各コーホートの分析対象者全体のうちの就業継続者割合、正規雇用就業継続者割合、また、前年（あるいは前々年）に正規雇用者だった人のうちの正規雇用継続者割合

4　調査開始以前の就業経歴については、各年齢時の就業形態のみ、回顧方式でたずねられている。そのため、例えば結婚前年と結婚年に同じく正規雇用されていた場合も、同じ従業先で継続就業したのか、従業先の変化があったかどうかは識別できない。

表 2-2　1960 年代および 1970 年代生まれの女性の結婚前後の就業継続者割合

（%）

	1960 － 69 年生（n=918）			1970 － 79 年生（n=623）		
	結婚前年から結婚年	結婚年から結婚翌年	結婚前年から結婚翌年	結婚前年から結婚年	結婚年から結婚翌年	結婚前年から結婚翌年
各コーホートの分析対象者全体のうちの就業継続者割合	60.9	41.9	40.5	62.8	46.7	43.0
各コーホートの分析対象者全体のうちの正規雇用継続者割合	43.6	25.7	25.0	40.9	27.4	24.9
結婚前年／結婚年に正規雇用者だった人のうちの正規雇用継続者割合	60.3	56.7	35.4	64.6	60.4	41.0

を、結婚前年から結婚年、結婚年から結婚翌年、結婚前年から結婚翌年にかけて算出した値を示している。

（就業形態を問わない）就業継続者割合は、1960 年代・70 年代出生コーホートとも、結婚前年から結婚年にかけては 60％台であるが、結婚年から結婚翌年、結婚前年から結婚翌年となると 40％台となる。正規雇用就業に限定して、各コーホートの分析対象者全体のなかでの割合を算出すると、1960 年代・70 年代出生コーホートとも、結婚前年から結婚年にかけては 40％台であるが、結婚年から結婚翌年、結婚前年から結婚翌年となると 20％台まで減少する。また、結婚前年／結婚年に正規雇用者だった女性のなかでの正規雇用就業継続割合を算出すると、結婚前年から結婚年にかけては、1960 年代・70 年代生まれとも 60％強、結婚年から結婚翌年にかけては、1960 年代生まれが 55％強、1970 年代生まれが 60％程度、結婚前年から結婚翌年にかけては 1960 年代生まれで 35％、1970 年代生まれで約 40％となっている。

若い世代ほど、結婚にかかわらず働くようになった？

こうした数値と、これまでの研究で示されてきた数値を照らしあわせ、つなぎあわせるかたちで、結婚前後の女性の就業継続の傾向をまとめてみたい。結婚を経た女性の就業継続率は若いコーホートになるほど徐々に高まる傾向がみられる。ただ、若いコーホートで劇的に上昇したわけではなく、結婚年から結婚翌年の正規雇用継続者割合でみれば、1940 年代生まれでは 20％弱であったのが、1960 年代・1970 年代出生コーホートでは 25 ～ 30％程度まで上昇したという程度である。ただし非正規雇用者も含めると、若いコーホートほど非正規雇用者割合が高まっている影響で、就業継続割合は、より高くなる。また、結婚前に正規雇用者だった人の結婚時の正規雇用就業継続割合は、調査によって多少のばらつきがあり明確にはいえないが、1950 年代から 70 年代生まれにかけて、50 ～ 60％程度のあいだで推移していると思われる。さらに、（就業形態を問わない）就業継続であっても、正規雇用就業継続であっても、結婚年から結婚翌年にかけての継続率は、結婚前年から結婚年にかけての継続率よりも低くなっており、どの時点の継続率を問題とするかで、みえかたは大きく異なる。

すなわち、結婚時の女性の就業率は、若いコーホートほど確かに増加しており、1970 年代出生コーホートでは 70％程度にまで達する。しかし、就業継続という観点からみた場合、とりわけ結婚時から結婚後の正規雇用就業継続者割合は、1970 年代出生コーホートでも全体の 25 ～ 30％程度と、それほど高いわけではない。また、1950 年代から 70 年代生まれにかけての女性では、結婚前年に正規雇用者だった人の半数以上が結婚翌年には正規雇用就業を継続していない。

「若い世代ほど、結婚にかかわらず働くようになった」といわれることがある。そのとき、若い世代ほど、結婚後も正規雇用就業を継続する女性が増えたというニュアンスを読みこんでは、実態を見誤る可能性がある。若い世代ほど非正規雇用割合が増加していることに加え、結婚翌年にかけての正規雇用継続者割合自体は、1970年代出生コーホートでも全体の25～30％程度で、それほど高くない。結婚を経た正規雇用就業継続者が多数を占めるような状況ではないことは確認しておく必要があるだろう。

2．出産を経て就業継続する女性は増加したのか？

「結婚による」行動と「妊娠・出産のため」の行動の区別は難しい

次に、出産を経た就業継続について検討してみよう。前節で紹介した「消費生活に関するパネル調査」の分析結果において、1960年代・70年代生まれともに結婚年から結婚翌年にかけての継続率は、結婚前年から結婚年にかけての継続率より、大きく低下していた。それは、「結婚してから妊娠し出産する」のが「ふつう」であるという規範が相対的に根強い日本社会においては、結婚後ほどなく妊娠したり、妊娠を意識した行動をとっていることの証左なのかもしれない。結婚後間もない期間の女性の就業行動は、結婚によるものなのか、妊娠・出産を意識したものなのかを区別しようとすること自体が、日本社会においてはそもそも意味をもたないのかもしれない。

出産後の就業率

では、出産後の女性の就業率は、出生コーホートごとにどのような傾向をみせているのだろうか。まずは多くの調査が注目する、第1子出産後の就業率について検討する。

今田（1996）では、第1子出産時および第1子出産後1年の雇用就業率をコーホートごとに算出している。第1子出産時の雇用就業率は、詳細な数値は示されていないものの、1942-46年生まれで約20%、1952-56年生まれで約30%、1962-66年生まれで40%強であるが、第1子出産後1年では、1942-46年生まれで約15%、1952-56年生まれおよび1962-66年生まれではともに25%前後と報告されている。また第10回出生動向基本調査を用いて、1942-74年出生コーホートを対象に分析した小島（1995）では、結婚コーホート別の集計しか紹介されていないが、第1子乳児期の就業率はおおむね25～35%程度であり、第1子乳児期の正規雇用率は10～15%程度である。さらに、第12回出生動向基本調査によると、第1子1歳時の就業率は、1952-54年生まれ、1955-59年生まれ、1960-64年生まれ、1965-67年生まれの順に、26.1%、28.7%、26.7%、26.4%である。正規就業率に限定すると、古いコーホート順に13.3%、16.7%、15.8%、16.6%となっている。労働政策研究・研修機構が2005年に実施した「仕事と生活調査」を分析した今田・池田（2006）では、1950-55年生まれから1971-75年生まれの第1子出産1年後の雇用就業率を算出しているが、どの出生コーホートでも20～30%程度である。

すなわち、第1子出産後の就業率は、1940年代から70年代生まれにかけて、それほど増加していないようである。**第1子出産1年後の就業率は、1940年代から70年代生まれにかけて25～30%程度で推移し、正規雇用就業率は10～15%程度**である。

出産を経た就業継続率

では、出産を経た「就業継続」については、どのような数値が得られているだろうか。第3回家庭動向調査（2003年実施）によると、第 1 子出産時に、していた仕事を継続した女性の割合は、1939-43 年生まれで 17.2%、1949-53 年生まれで 19.1%、1959-63 年生まれで 16.3%、1969-73 年生まれで 18.7%となっている。吉田(2004) は 1995 年 SSM 調査を用いて、出産時の正規雇用継続率（出産後 1 年以上経過した女性のうちで、出産後 1 年後に出産時と同じ従業先で正規雇用就業を継続している割合）のコーホート間の変化を検討した。その結果、出産時の正規雇用継続率は、1941-45 年生まれから 1961-65 年生まれにかけて、20%程度で推移していることを明らかにしている。また、1968-82 年生まれを対象とした「21 世紀成年者縦断調査」の第 10 回調査によると、調査期間中に第 1 子（のみ）出産があった夫婦のうち、妻の同一就業継続率は 32.3%、正規雇用就業継続率は 20.3%である。

これらの数値をみると、第 1 子出産を経た就業継続率は、1940 年代から 60 年代生まれにかけては約 20%であることがうかがえる。また正規雇用就業継続率に限定しても 20%程度であるのは、出産を経た就業継続が、正規で雇用されている人にしか事実上ひらかれていなかったことを意味しているのかもしれない。

1960 年代・1970 年代生まれの出産前後の就業率と就業継続率

ここでも「消費生活に関するパネル調査」をもちいて、1960 年代および 70 年代生まれの女性の、出産前後の就業率および就業継続率を、少し細かく確認してみよう。ここではひとまず、第 1 子出産前後の就業に限定する。

表 2-3 は、第 1 子出産 2 年前、出産 1 年前、出産年および出産 1 年後の就業形態をコーホートごとに示している。まず目を引くのが、1960 年代、70 年代生まれとも、第 1 子出産 2 年前から出産

表 2-3　1960 年代および 1970 年代生まれの女性の第 1 子出産 2 年前・出産 1 年前・出産年・出産 1 年後の就業形態

(%)

	1960 − 69 年生（n=852）				1970 − 79 年生（n=581）			
	第1子出産2年前	出産1年前	出産年	出産1年後	第1子出産2年前	出産1年前	出産年	出産1年後
正規雇用	62.7	39.8	19.1	15.9	56.3	40.1	19.1	16.4
非正規雇用	15.6	11.2	4.6	6.0	21.7	17.4	6.9	11.2
自営等	5.2	6.3	6.3	6.3	2.6	2.9	4.0	4.3
非就業	16.6	42.7	70.0	71.8	19.5	39.6	70.1	68.2
計	100	100	100	100	100	100	100	100

年にかけて、就業率が大きく低下することである。両コーホートとも、第 1 子出産 2 年前には 80％程度の女性が就業していたのが、出産 1 年前には 60％程度に、そして出産年には、30％程度まで低下する。就業形態に注目すると、出産 2 年前から出産 1 年後にかけて、正規雇用者割合が大幅に低下する。1960 年代・70 年代生まれともに、第 1 子出産 2 年前には正規雇用者が 60％程度を占めていたのが、出産 1 年後には 15％程度にまで低下している。コーホート間の差異はあまり目立たないが、ここでも非正規雇用者割合は、1970 年代生まれのほうが高い。

次に就業継続について検討してみよう。表 2-4 には、各コーホートの分析対象者のうちの就業継続者割合、正規雇用就業継続者割合、また、前年に正規雇用者だった人のうちの正規雇用継続者割合を、第 1 子出産 2 年前から出産 1 年前、出産 1 年前から出産年、出産年から出産 1 年後にかけて算出した数値を示している。

就業形態を問わない、就業継続者割合は、1960 年代・1970 年代出生コーホートとも、出産 2 年前から出産 1 年前にかけては 50％台であるが、出産 1 年前から出産年にかけては 25 ～ 30％程度、

表2-4　1960年代および1970年代生まれの女性の出産前後の就業継続者割合

（%）

	1960－69年生（n=852）			1970－79年生（n=581）		
	出産2年前から出産1年前	出産1年前から出産年	出産年から出産1年後	出産2年前から出産1年前	出産1年前から出産年	出産年から出産1年後
各コーホートの分析対象者全体のうちの就業継続者割合	54.2	28.5	23.9	56.3	25.8	23.8
各コーホートの分析対象者全体のうちの正規雇用継続者割合	37.9	18.8	15.0	36.8	17.4	14.5
前年に正規雇用者だった人のうちの正規雇用継続者割合	60.5	47.2	78.5	65.4	43.3	75.7

出産年から出産1年後には20%強となる。正規雇用就業に限定して、各コーホートの分析対象者全体のなかでの継続者割合を算出すると、1960年代・1970年代出生コーホートとも、出産2年前から出産1年前にかけては30%台であるが、出産1年前から出産年には20%弱、出産年から出産1年後となると15%程度にまで低下する。また、前年に正規雇用者だった人のなかでの正規雇用就業継続者割合を算出すると、1960年代・1970年代出生コーホートとも、出産2年前から出産1年前にかけては60%台、出産1年前から出産年にかけては40%台、出産年から出産1年後にかけては80%弱となっている。

各コーホート全体のうちの就業／正規雇用就業継続者割合の値は、出産1年前から出産年にかけてと、出産年から出産1年後にかけてとのあいだに、それほど大きなへだたりはみられない。そこから、出産年まで就業継続した女性は、出産後も就業している傾向が強いことが示唆される。とりわけ正規雇用に限定すると、出産年に正規雇用就業していた女性の80%近くが、出産1年後にも正規雇用就業している。

ただし、（出産1年前から）出産年まで就業継続した人の割合は、就業形態を問わない場合には25～30％程度、正規雇用に限定すると20％弱と、決して高くはない。表2-4からは、出産年まで就業継続するような女性自体が、全体のなかでは非常に少数であることが読みとれる。

変わっていない低い就業継続率

これらの数値と、他の調査データによって明らかにされてきた数値から、いくつかのことが確認できる。まず、第1子出産1年後の就業率は、1940年代から70年代生まれにかけて25～30％程度であり、正規雇用就業率は10～15％程度である。また、1940年代から1970年代生まれにかけて、第1子出産を経て就業継続する女性は約20％であり、正規雇用に限定すると就業継続率は15～20％程度である。1940年代から1970年代生まれにかけてのコーホート間の差異は、それほどみられない（強いていうなら若いコーホートで非正規就業者割合が増加している傾向はみられる）。1980年代生まれでは就業継続率がやや高くなっている可能性はあるが、まだ十分なデータがそろっているとはいえない状況である。

また、「消費生活に関するパネル調査」の分析からは、1960年代・70年代生まれで、第1子の出産を経て就業しているのは、出産年まで、それまでの仕事を続けることのできた少数の女性であることが示唆される。表2-4が示すように、出産年に正規雇用就業していた女性の約80％が、出産1年後にも正規雇用就業を継続している。しかし同時に全体でみると、出産年まで正規雇用就業継続するような女性自体が、非常に少数であることもわかる（出産1年前に正規雇用就業していて、出産年にも正規雇用就業していた人は、各コーホートとも全体の20％に満たない)。第1子出産1年後に働いているのは、出産までのあいだに継続就業できるような条件に、たまたま恵まれた数少ない女性であり、大多数の女性が出産年までに就業継続を断念している。

第3章 女性の就業行動を説明する理論

就業行動を枠づけ、方向づける社会的メカニズム

前章では、1940 年代から 1970 年代生まれにかけての女性の、結婚や出産をめぐる就業行動を確認した。では、前章でみたような女性の就業行動は、どのように説明することができるのだろうか。なぜ日本社会では、結婚時に多くの女性が就業するようになる一方で、出産時には依然多くの女性が働かないという選択をするのだろうか。また、同一の時代・同一の社会に生まれても、結婚時や出産時に異なる就業選択をする女性がいるのは、なぜなのだろうか。こうした問いにこたえるため、本章では、これまでの研究で女性の就業行動を説明するのに、しばしばもちいられてきた理論的パースペクティブを紹介する。むろん、就業する／しないや、どんな働きかたをするかということは、まぎれもなく個人がそれぞれの選好や価値観にそって選択するものである。しかし個人にどのような選択肢がひらかれているかは、その個人がどのような社会のどのような位置におかれているかによって異なりうる。さらに、何が望ましいか／有利だと感じられるかといった個人の選好や価値観すらも、その個人がおかれた社会と無関係ではありえない。そこで以下では、個人の就業行動を枠づけるような社会の成り立ちや、個人の就業行動を方向づけるような社会的メカニズムに照準し、女性の就業行動と「社会」との関係をとらえる理論的パースペクティブについて論じる。

女性の就業行動と「社会」との関係は、マクロ・メゾ・ミクロのレベルにわけて考えることができる。マクロ・レベルの視点とは、全体としての社会の構造と特質に注目する視点である。ミクロ・レベルの視点では、社会現象のもっとも基底的な要素である諸個人の行為に注目する。メゾ・レベルの視点は、社会集団、組織、制度といった現象に注目し、マクロ・レベルとミクロ・レベルの視点を媒

図 3-1　女性の就業行動を説明する理論的枠組み

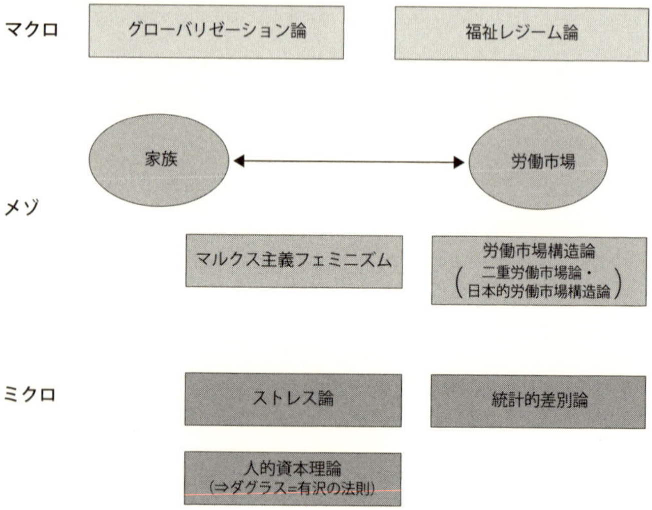

介する（舩橋，2012）。つまり、女性の就業行動は、マクロ・メゾ・ミクロレベルの重層的な社会的諸要因との関連のなかでとらえられてきた。図 3-1 には、女性の就業行動を説明しうる理論的枠組みを、マクロ、メゾ、ミクロのレベルにわけて示した。以下では、図 3-1 に示したそれぞれの理論的枠組みについて、マクロ、メゾ、ミクロの順に概観する。

1．マクロ・レベル：グローバリゼーション論、福祉レジーム論

マクロ・レベルの理論的パースペクティブとしては、グローバリゼーション論や福祉レジーム論がある。Hofmeister ほか（2006）によると、グローバリゼーションは、相互に関連する 4 つの構造的変動であると定義される。すなわち 1）労働、資本、モノの市場の

国際化と国境の流動化、2）規制緩和、私有化、自由化による競争の激化、3）新しいコミュニケーション・情報テクノロジーによるネットワークや情報の広まりの急速化、4）世界的な市場の重要性の増大と、それによる予測の不可能性の増大、といった構造的変動である。これらは相互に関連しながら、労働・教育・福祉国家レジーム・家族・文化といった制度的フィルターを通して、女性の就業行動に影響を与える。

福祉レジーム論の代表的な論者であるEsping-Andersen（1990=2001, 1999=2000）によると、福祉国家においてサービスや給付を供給する国家の活動は、市場や家族と多様に組み合わさって独自のしくみを形成している。Esping-Andersenは、福祉国家における脱商品化（1人の人間が市場に依存することなくその生活を維持できること）効果に注目し、その程度によって3つの福祉国家レジームを見出す。そのひとつは自由主義レジームである。そこでは、国家福祉の受給者たちの間では平等ではあるが低水準の福祉が、それに対して多数の通常の市民のあいだでは市場における能力に応じた福祉がおこなわれる。こうした福祉国家における脱商品化効果は最小限にとどまる。このレジームに属する典型としては、アメリカ、カナダ、オーストラリアが挙げられている。2つ目は保守主義レジームである。フランス、ドイツ、イタリアなどが含まれるこのレジームにおいては、諸権利は職業的地位に付随し、国家による再分配的な効果はあまりみられない。またこのレジームにおいては「伝統的」な家族制度の維持に大きな関心が払われ、補完性の原理に沿って、家族がその構成員にサービスを提供することができなくなった場合にのみ国家が介入するというシステムになっている。そして3つ目のレジームとして、社会民主主義レジームがある。そこでは、最低限のニードを基準とした平等ではなく、最も高い水準での平等を推し進めるような福祉国家を実現しようとする。そのため、きわめて脱商品化の効果が高い普遍主義的なプログラムが展開される。国家は、家族の介護能力が限界に達したときに介入するのではなく、あらかじめ家族がかかえこむコストを社会化する方向をとる。

こうした異なる福祉レジームは、女性の就業行動にたいしても異なる影響をもたらすと想定され、女性の就業行動の国際比較の枠組みとして、しばしばもちいられている（Blossfeld and Drobnic, 2001 ; Bolssfeld and Hofmeister, 2006 など）。

２．メゾ・レベル：労働市場構造論、マルクス主義フェミニズムの理論

それぞれの社会では、女性の就業行動に大きくかかわる制度（institution）がある。その代表的なものが家族と労働市場である。以下では、労働市場におけるメカニズムに照準した理論的枠組みとして、労働市場構造論をとりあげる。また、家族と労働市場の相互関係に注目する理論的パースペクティブとして、マルクス主義フェミニズムの理論をとりあげる。

二重労働市場論

労働市場構造論の中身は一枚岩ではないが、ここでは二重労働市場論、日本的労働市場構造論をとりあげる。

二重労働市場論によると、労働市場には第 1 次労働市場、第 2 次労働市場と呼ばれる別々の労働市場が存在する（Piore, 1975）。一方の部門にいる労働者や使用者は、他方の部門にいる労働者や使用者とは基本的に異なった法則にしたがって行動する。そして第 1

次部門と第２次部門との間には、基本的に移動は生じないとされる。

第１次労働市場で提供される仕事は、安定性が確保されると同時に、相対的な高賃金、良好な労働条件、明確な昇進の機会などの特徴がある。他方で第２次労働市場で提供される仕事は、低賃金で労働条件が悪く、昇進の機会も乏しい。また職の安定性にも欠いており、転職率も高い。そして女性は構造的に不利な第２次労働市場に動員される傾向が強いとされる。二重労働市場論が強調するのは、女性は基本的に男性とは異なる労働市場に組みこまれている（そもそも異なる土俵に立たされている）という労働市場のメカニズムである。二重労働市場論は、女性の就業行動がどのような条件のもとで展開されるかを明示的に示し、なぜ女性が、ある仕事につけないのか、なぜ女性が良好な就業機会に恵まれないのかについての原因を、個人の資質に求めるのではなく、労働市場の構造そのものに原因があるという視点を提示している。

日本的労働市場構造論

また、日本の労働市場の歴史的な形成過程に注目し、その特徴が女性の就業行動に、ある特定のインパクトを与えるとする議論もある。1920 年ごろに発生した日本の内部労働市場（尾高，1984）は、第２次世界大戦期に定着し、戦後の高度経済成長期には、その経済成長と豊富な若年労働力に支えられた安定的なシステムであった。しかし 1973 年のオイルショックのころには、労働市場が中高年中心の構造に変化しており、企業にとっては年功的賃金に基づいた長期雇用システムを維持することが難しくなっていた。そこで 1970 年代後半以降、企業はパートタイム労働者の採用を増やした。

こうした日本の労働市場の形成過程は、日本の女性の就業行動にも影響をおよぼす。Brinton（1993）によると、その第1は内部労働市場からの女性の締めだしである。女性が一定期間子育てに専念することが前提とされるとき（そして第4章第1節で論じるように福祉国家としての戦後日本においては、家族＝女性がケア役割を担うことが強く前提とされてきた）、日本の大企業における年功序列賃金システムとそこでの企業内訓練（on-the-job training）システムは、女性の生きかたと相容れない。なぜなら、女性が出産や子育てのために離職することによって、企業はそれまでの企業内訓練への投資を回収することができなくなってしまうからである。

日本の労働市場の歴史的な形成過程が女性の就業行動に影響をおよぼしたとされる第2の点は、企業がパートタイム労働者を積極的に採用するようになったことが、子どもが学齢期に達した女性が労働市場へ再参入するときの受け皿になったことである。そして企業は第1次オイルショック以降、そうした女性パートタイム労働者を景気動向などによる雇用調整に利用してきた（大沢真理, 1993）。こうした議論は、女性の就業行動を、その社会の歴史的な文脈のなかで理解することの必要性を提起している。

マルクス主義フェミニズムの理論

また、家族と労働市場との相互関係から、女性の就業行動を説明しようとする理論として、マルクス主義フェミニズムの理論がある。労働市場と家族の構造は、ともに女性にとって極めて不利なものであるが、それはそれぞれ相互作用する家父長制と資本主義の力によってつくりだされている（Sokoloff, 1980＝1987)。つまり家族と労働市場のあいだには、相互に強化しあい、かつ矛盾するような動的な関係があるとされる。

こうした議論は抽象度が高く、すぐさま女性の就業行動を分析する作業仮説を導くものではない。しかし、労働市場は家族において女性がケア労働に従事することを前提に成立しており、またそうした労働市場の性質が、家族における女性へのケア労働のわりあてをますます強めるという、家族と労働市場との相互（依存）関係にたいする指摘は、女性の就業行動研究の重要な理論的背景となっている。

3．ミクロ・レベル：ストレス論、人的資本理論、統計的差別論

さらに、よりミクロな個人間の相互作用レベルでの理論的枠組みがある。ミクロ・レベルで家族と労働市場の関係を視野に入れた理論的枠組みとして、ストレス論や人的資本理論、また労働市場において生起するメカニズムに照準した枠組みとして、統計的差別論がある。

ストレス論

ストレス論は、その基本モデルとして社会的・心理的なストレス源（ストレッサー）が健康状態に影響していると考える（Avison and Gotlib, 1994）。ストレッサーの健康状態への悪影響は、ひいては何らかの就業行動（退職など）をひきおこすと考えられる。そのため、家族／職業生活上の負荷が大きい状態におかれる人は、就業を選択しにくい／退職しやすい、というような理論的な仮説が立てられ、家族生活や職業生活上のストレッサーが女性の就業行動の分析モデルに組みこまれてきた。

また、ストレス論には、家族や職場で提供されうる人間関係上の援助的資源を指すソーシャル・サポートという概念がある。女性の就業行動にかんする研究の多くは、ソーシャル・サポートの存在は

女性の就業を促進するという理論仮説のもと、とりわけ家族における（理論的には職場におけるものも含む）ソーシャル・サポートの提供と、女性の就業行動との関連を問うてきた。

人的資本理論

人的資本理論は新古典派経済学理論の 1 分野で、Becker（1975＝1976）によって、その理論的基礎が築かれた。人々がもつ資源を増大させることによって、将来の所得と消費に影響を与えるような諸活動を、人的資本投資という。Becker（1975＝1976）はそのなかで職場訓練の議論に多くを割いているが、人的資本投資は職場訓練にとどまらず、学校教育への投資や労働者の健康増進への投資なども含む。Becker（1975＝1976）は、労働者の限界生産力と賃金との関係は、職場訓練（＝人的資本投資）を考慮すれば、ある期において一致する必要はない、という職場訓練の議論を展開する。すなわち、訓練がおこなわれると現在の収入が減少し、現在の支出は増加するが、企業にとっては、もし将来の収入が十分増え、将来の支出が十分減るならば、訓練をおこなうことが利益になる。全期間において、支出と収入が釣り合えばよいということである。こうした議論に基づいて、人的資本への投資量がどのように決定されるかについてのモデルを定式化する。

ところで、人的資本投資は、労働者からみれば就学や訓練への時間の投入である。つまり人的資本投資とは、訓練と労働への時間の配分の問題としてとらえることができる。Mincer（1962）は、労働と訓練その他支払われない活動とのあいだの時間配分の関係を、労働供給関数として定式化した。Mincer（1962）は家計を分析単位とすることを提唱し、有配偶女性（またはその他の家族メンバー）

の労働供給は、その個人の相対的な「価格」によって決定されるという。つまり、ある個人の賃金率が上昇したときには、家族にとっては、その人の家事や余暇時間のコストが上昇するので、その個人は労働を選択しやすくなる。また、賃金率の上昇が労働選択に与える影響は、家庭での活動の代替可能性の程度に依存する。そのため、代替可能性が困難であると想定される、幼い子どもがいる時期と、他の時期とでは、賃金率の上昇の労働供給へのインパクトは異なると想定され、ライフサイクルを考慮した分析が開かれる。このような分析モデルは、現在においても女性の就業行動を分析する、基本的なモデルとなっており、労働経済学および社会学の分野において、女性の就業行動を計量的に分析する研究の多くが依って立つものとなっている。

ダグラス＝有沢の法則

また、人的資本理論がその中核をなす、新古典派経済学において、女性の労働供給にかんして、しばしば参照される命題として、「ダグラス＝有沢の法則」がある。小尾（1980）によると、その法則は以下のようにまとめられる。

〔第1法則〕家計には核構成員すなわち家計の中核的稼得者（家計調査の世帯主に相当）があり、非核構成員（核以外の家計構成員）の入手可能な就業機会（賃金率と指定労働時間）を所与とするとき、核収入のより低い家計グループの非核構成員の有業率はより高い。

〔第2法則〕核収入を一定とするならば、非核構成員に提示された就業機会の好転は、非核有業率を上昇させる。

〔第3法則〕核構成員にある青壮年層男子の有業率は提示された就業機会の賃金率に対して不感応的である。

ここでいう「非核構成員」とは、有配偶女性を指して議論されることが多い。このダグラス＝有沢の法則を参照し、女性の就業行動と夫の収入との関連が分析されてきた。

統計的差別論

最後に、労働市場におけるミクロな関係から、女性の就業行動を説明しようとする枠組みとして、統計的差別論がある。Phelps（1972）によると、雇い主は、ある仕事に適した労働者を雇いたいと思っているものの、個々の志願者についての十分な情報を欠いた状態にある。しかも個々の志願者についての十分な情報を得るにはコストがかかる。その際、雇い主は性別などの入手しやすい情報を代理指標とし、雇い主のそれまでの、グループ間の統計上の経験（女性のほうが平均的に勤続年数が短いなど）に基づいて採用を決定するという。この理論では女性が労働市場で、あるポジションを得るかどうかについて、雇用者側の、効用を最大化するための最も合理的（と思われる）意思決定が関係していることを指摘している。

第4章

戦後の日本社会の歴史的文脈
——女性の就業行動を左右する要因の歴史的変動

前章では、女性の就業行動を説明するマクロ・メゾ・ミクロレベルの理論的パースペクティブについて論じた。本章では、それらの理論的パースペクティブから導かれる、女性の就業行動を左右する要因について、戦後の日本社会の歴史的文脈にそくして検討してみたい。

1．マクロ・レベル：日本経済の動向と福祉国家としての歩み

マクロ・レベルで検討しておかなければならないのは、グローバリゼーションの影響のもとでの日本経済の状況と、戦後日本社会が福祉国家として、どのような道のりを歩んできたかという点であろう。

日本経済の動向

敗戦後の混乱が収拾したのち、知られているように、日本社会は高度経済成長の時代に入っていく。1950 年代前半には、税制面での企業の設備投資に対する優遇、独占禁止法の緩和、開発銀行などの設立による国家資金の低利融通などによって、企業の資本蓄積を促進するような経済政策が展開された。その結果、1955 年ごろから、造船、鉄鋼、電気機械、石油化学などの重化学工業を中心に、設備投資が活発化していく。1956 年度の経済白書は、「もはや戦後ではない」と宣言し、1960 年には池田勇人首相が「所得倍増計画」を掲げた。こうして日本経済は、1970 年代前半ごろまで、高い経済成長を維持していく。

1970 年代はじめ、世界的なインフレーションが起こり、1973 年には第 1 次オイルショックのために国内の物価も高騰した。そのため政府は金利の大幅な引き上げなど、経済の厳しい引き締め政策をとった。その結果、物価の上昇はおさまる一方で、需要が縮小

し、企業経営が苦しくなった。1975年ごろ、日本経済は「戦後最大」といわれる不況にみまわれる。

国内需要が停滞するなか、企業の経済活動において輸出が大きな位置を占めるようになった。1976年以降、日本の貿易は黒字化したが、世界的な経済停滞のなかで日本の輸出増加は非難の的となった。その結果、円高が進み、輸出産業は利潤を上げにくくなり、1977年から1978年には円高不況が深刻化した。1979年には第2次オイルショックが起こり、貿易黒字批判を受けた国内需要拡張政策の効果が十分でないうちに、景気後退が起きた。

第2次オイルショック後の不況は、1985年ごろにほぼおさまった。円高を背景とした輸入物価低下の影響が広く浸透し、企業収益の改善に寄与した。物価も安定し、コンピューターなどの技術革新と関連した企業の設備投資も活発化した。1987年から1989年には、好景気が続いた。物価が安定していたことなどから、超低金利政策が長期にわたって続けられたが、供給された資金の多くが、不動産や株式市場での投機のために投じられた。そのために株価・地価が急騰し、のちに「バブル」と認識されるようになる。

株価は1990年から、地価は1991年から下落に転じ、バブルが崩壊した。1991年から日本経済は「失われた10年」といわれる、長く続く経済の低迷期に入る。企業は、債務、設備、雇用のうえでの過剰をかかえ、企業活動が多少とも活発化しても、景気への波及効果がでにくかった。1997年にはタイの通貨下落からはじまるアジア通貨危機が起こり、国内においても山一証券の廃業をはじめとする、大規模金融機関の破たんが相次いだ。

景気は2002年以降回復に向かった。この時期の景気回復は「実感なき景気回復」(2007年度版『経済財政白書』)といわれたように、多くの人々にとっては、景気回復を実感として受けとめることができなかったといわれている。その背景としては、経済成長のペースが非常にゆるやかであったこと、賃金も物価もほとんど上昇しなかったこと、企業経営は改善したが、その恩恵は家計にまで及ばず、個人消費が伸び悩んだことが指摘されている。

景気は 2007 年まで回復傾向にあったが、2008 年のリーマンショックによる世界的な金融危機の影響で、日本経済はふたたび悪化した。

(以上の記述は、中村隆英（1993, 2007）、内閣府経済社会総合研究所・小峰（2011a, 2011b）、内閣府（2009）を参照した。)

福祉国家としての戦後日本社会の歩み

大沢（2007）は、Esping-Andersen の福祉レジーム論を参照しつつ、日本は高度成長期から 1980 年代にかけて、「男性稼ぎ主」型の生活保障システムを形成したと論じる。「男性稼ぎ主」型の生活保障システムでは、壮年男性に対して安定的な雇用と妻子を扶養できる「家族賃金」を保障するべく、労働市場が規制される。それを前提として、男性の稼得力喪失というリスクに対応して社会保険が備えられ、妻子は世帯主に付随して保障される。家庭責任は妻がフルタイムで担うものとされ、それを支援する保育、介護等サービスは、低所得や「保育に欠ける」などのケースに限って、いわば例外として提供される。

このようなシステムが、「日本型福祉社会」というスローガンのもと、1980 年代ごろに完成する。例えば、税制においては、配偶者や子の扶養、高齢者や障がい者との同居や扶養について、控除をつうじて大きな家族配慮がおこなわれる。社会保険制度は、雇用者は健康保険と厚生年金（公務員と学校教職員はそれぞれの共済組合）に加入し、雇用者でないものは国民健康保険と国民年金に加入するというような縦割りの制度となっている[5]。1985 年の年金改革以後、厚生年金と共済年金の被保険者が、国民年金制度第 2 号被保険者、国民年金加入者が、国民年金第 1 号被保険者と位置づけられ、さらに「国民年金第 3 号被保険者」という制度が創設された。この、第 3 号被保険者は、第 2 号被保険者に扶養される配偶者（年収の限度額は 130 万円）で、保険料を徴収されずに基礎年金を受給することができる。また、生活保護制度においては、保護を受けるに先立って、第 1 に本人の資産、稼得能力その他あらゆるものの活用、第 2 に民法上の扶養義務者（3 親等内の親族）の扶養と他の法律に定めるあらゆる扶助の充用がおこなわれるべきことを、原理としている。そして 1980 年代には、保護申請時の事実確認を厳格化する「適正化」がおこなわれた。

このように高度経済成長期から 1980 年代にかけて、日本の社会政策においては、大企業に勤める男性の安定的な雇用を前提として、国家ではなく家族、家族のなかでも女性が、福祉の担い手であることが強調された。そして 1990 年代においても、そうした「男性稼ぎ主」型の生活保障システムは、介護保険制度の制定（1997 年）と実施（2000 年）によって一部「脱家族化」の動きがあったものの、大きくは再構築されてはいないと指摘されている（大沢，2007）。

5　パートタイム労働者は、所定労働時間がフルタイム労働者の 4 分の 3 以上のとき、健康保険と厚生年金が適用される。また、4 分の 3 を超えなくても、年収が 130 万円を超えれば国民年金制度の第 1 号被保険者となり、定額保険料を負担する。

2. メゾ・レベル：労働市場の構造変動と社会政策の展開

次にメゾ・レベルの要因として、戦後日本の労働市場の構造変動と、家族のありかたや女性の就業行動を左右するような社会政策の展開について論じる。

戦後日本の労働市場の構造変動

日本の大企業では、1920年代ごろから内部労働市場が発生した（尾高，1984）。その背景には、工業化にともなう技術革新に対応するため、新規労働者に積極的な訓練を施す必要性が生じたことがある。さらに、新しい技術を習得した労働者が企業内に定着し、高い労働意欲をもって生産活動に従事するような労務管理制度の必要性から、年功序列的な賃金システムがとられるようになった。そうしたシステムは、第2次世界大戦期にかけて定着した。敗戦後の1950年代には、終身雇用、年功賃金制度のもとにある大企業の常用労働力のグループと、相対的に賃金が低く、労働者の定着性も低い中小企業の労働力グループ、さらに大企業にも中小企業にも、雇用期間を限定した臨時労働者・日雇労働者が雇用されており、階層的な労働市場が出現していた（中村隆英，1993）。

戦後の高度経済成長とベビーブームによる豊富な若年労働力は、日本の内部労働市場の安定に寄与した。しかし1973年のオイルショックのころには、1950年代終わり以降の出生率の低下によって、日本の労働市場は、若年中心から中高年中心の構造に変化し、年功的賃金に基づいた長期雇用システムを維持することが、企業にとっては重荷となった。そこで企業は「減量経営」を掲げて新規採用を抑制し、低賃金のパートタイム労働者を採用するようになる。

バブル崩壊後の1990年代には雇用情勢が悪化し、完全失業率は

1990年には2.1%であったのが、ピークの2002年には5.4%に達した。新規学卒就職率も悪化し、1994年ごろから「就職氷河期」という言葉が使われるようになった（内閣府経済社会総合研究所・小峰，2011b）。また、1990年代以降、労働市場の非正規化が指摘されるようになった。非正規雇用者比率は1980年代以降趨勢的に上昇してきたが、その上昇テンポは1997～2002年にかけて加速しており、2009年時点で雇用者の3割が非正規雇用者であることが指摘されている（内閣府，2009）。

家族のありかたや女性の就業行動に関連する社会政策

「男性稼ぎ主」型生活保障システムのもとで展開された社会政策として、税制、社会保険制度、生活保護制度については前節でふれた。以下では、家族のありかたや女性の就業行動を左右するような社会政策の具体的な展開として、男女雇用機会均等法、育児・介護休業法、介護保険法、児童福祉法等の一部改正、そして男女共同参画社会基本法について論じる。

①男女雇用機会均等法

大企業に勤める男性を前提とした社会保険制度が確立したころ、男女雇用機会均等法が1985年に制定され、翌1986年に施行された。賃金以外の労働条件全般について、性による差別を禁止する法令がないことが、女性差別撤廃条約を1985年に批准するうえで条約違反になると理解されたことが、均等法成立の背景にあったといわれている。均等法成立の象徴的意味は小さくなかったと思われる。しかし同時に均等法には、多くの限界も指摘された（大沢，2002）。すなわち、均等法において定年・解雇における女性差別は禁止されたものの、募集・採用、配置・昇進における均等処遇は事業主の努力義務とされるにとどまった。また、女性労働者の福祉に反しない限り、「女性のみ」の取り扱いは適法であると労働省（当時）から通達された。そのため、「総合職・男女、一般職・女性のみ」等の募集・採用が多くの企業で行われ、コース別雇用管理制度が定着していった。

1985 年に制定された男女雇用機会均等法は、12 年を経て 1997 年に改正された。改正均等法では、募集・採用から配置・昇進、教育訓練、福利厚生、定年・退職・解雇など雇用のあらゆる局面において、女性に対する差別が禁止された。また、従来適法とされていた「女性のみ」の募集・採用も原則的に禁止された。さらに事業主にはセクシュアル・ハラスメント防止の配慮義務が課されている。

②育児休業法

1990 年の 1.57 ショック[6]を契機に少子化が「問題」としてとりあげられるようになり、少子化への対策のひとつとして、1991 年に育児休業法が制定された。1995 年には介護休業も含め育児・介護休業法として制定され、すべての事業所で育児休業が義務化され、育児休業給付が雇用保険から支給されるようになった。以後、2001 年、2004 年、2009 年に法改正がなされている。2001 年法では、休業取得に関する「不利益取り扱いの禁止」、「勤務時間短縮等の対象となる子の年齢の 1 歳未満から 3 歳未満への対象年齢引き上げ」などが規定された。2004 年法では、有期雇用者への休業取得権利の拡大がはかられ、また、それまで子が 1 歳になるまで

6　1989 年の合計特殊出生率が 1.57 であった。この値は、戦後丙午で出生率が激減した 1966 年の 1.58 を下回る数値であったため、少子化を社会に印象づけるものであった。

取得可能だった育児休業が、1歳の時点で保育所に入れないなどの一定の条件が認められる場合には、子が1歳6か月になるまで育児休業の延長が認められるようになった。さらに2009年法では、3歳未満の子を養育する労働者に対して、事業主が所定労働時間を1日6時間にするなどの短縮措置（いわゆる短時間勤務制度）を提供すること、3歳未満の子を養育する労働者から請求があったときに所定外労働を免除（残業免除）することが義務化された。また、両親ともに育児休業を取得する場合には、育児休業取得可能な期間が、子が1歳2か月に達するまでの1年間に延長できる（パパ・ママ育休プラス）ことになった。

1995年以降、育児休業給付金が雇用保険から支給されるようになった。1995年の育児休業給付創設時には、休業開始前の賃金の25％に相当する額が支給されていたが、2001年には40％に、2007年には50％に引き上げられた。また2010年には、それまで給付が育児休業基本給付金と、職場復帰してから給付される育児休業者職場復帰給付金にわけられていたのが（たとえば2007年の改正による給付率50％の内訳は、育児休業基本給付金30％、職場復帰給付金20％とされており、職場復帰給付金は職場復帰後に支給されていた）、全額が休業中に支給されるようになった[7]。

③介護保険制度

1990年代後半には、構造改革の名のもとに、均等法の改正のほかにも、社会保障制度においていくつかの変化があった。そのなかでも女性の就業行動に強く関連すると思われるのが、介護保険制度

7　2013年12月の労働政策審議会において、育児休業給付金の給付率を、育児休業開始から6か月間は67％に引き上げることが了承された。

の創設と児童福祉法等の一部改正である。

1997 年に介護保険法が制定され、2000 年から介護保険制度が実施されるようになった。この制度は、社会保険方式で介護を利用・負担していくしくみである。市町村が被保険者の要介護認定をおこない、認定された要介護者が指定機関から介護サービスを受けた場合、その費用をサービス機関に対して支給する。介護保険制度の導入は、いくつかの問題を含みながらも[8]、それまで家族のなかで女性が無償で担ってきた介護を「社会で支える」方向に踏みだしたという点で「脱家族化」へ向かう制度改革であったと評価されている（大沢, 2007）。

④児童福祉法等の一部改正と保育制度

1997 年の児童福祉法等の一部改正によって、保育制度にも変更が加えられた。従来の「措置」制度では、市町村が保育所利用を希望する児童が保育に欠けるか否かを認定し、サービスの利用の可否やサービス提供施設が、市町村の裁量に基づいて決定されていた。それが 1997 年の法改正によって、「保護者が各保育所に関する十分な情報を得たうえで、入所を希望する保育所を選択して、申し込みに基づき市町村と保護者が利用契約を締結するしくみ」[9] がつくられた（児童福祉法規研究会, 1999）。また、同改正法の施行にあわ

8　介護保険制度の第 2 号被保険者（40 歳以上 65 歳未満の医療保険加入者）のうち、雇用者では、健康保険の被保険者本人の標準報酬に定率で介護保険料が賦課されることになっており、雇用者の被扶養者は 65 歳までは保険料を負担することなく介護保険を適用されることになっている。その点において、個人単位ではなく世帯単位の福祉が増幅されたという側面もある（大沢, 2002）。

9　市町村には、保護者の申し込みがあった場合には、保育サービスを提供する義務が課せられており、市町村のサービス提供責任は従前のとおり維持されている（児童福祉法規研究会, 1999）。

せて、すべての保育所が乳児保育を実施できる体制の整備が図られ、延長保育・一時保育を保育所が自主的におこなえるよう事業の見直しがおこなわれるとともに、入所定員の弾力化や開所時間の弾力化が図られた（厚生省，1998）。さらに「公営保育所は、多様な保育サービスの実施率が低い」（厚生省，1998）として、「多様な保育サービスを提供」する方向性として、公営保育所の民営化がうちだされた。2000 年の厚生省通達では、それまで社会福祉法人に限定されてきた保育所設置主体を、それ以外のものにも認め、保育所事業に株式会社も参入するようになった。

このように保育制度の弾力化と規制緩和、そして利用者による保育所の選択という方向性がうちだされたが、それに対する問題点も指摘されている。例えば、1969 年の厚生省通達以降、乳児室またはほふく室は乳児 1 人あたり 5 平方メートル以上という面積基準が設けられてきた。それが 2001 年の厚生労働省通達では、「乳児室またはほふく室を設ける」という児童福祉施設最低基準（「最低基準」）どおりで保育所を運営されたい、という保育所の設備条件の「切り下げ」がおこなわれた。また 1998 年の厚生省通達では、最低基準に何も規定されていない「分園」の設置を認め、最低基準によって必置とされている調理室や医務室、嘱託医、調理員をおかない保育所の設置を認めた。こうした動きは、規制緩和の名のもとに、1948 年に最低基準が設定されたときに「これより下ってはいけない、ぎりぎりの最低線」といわれた保育所の設置・運営条件の中身のレベルの事実上の引き下げであると指摘されている（田村，2004）。

また、1997 年時点で利用者による保育所の選択が法文上に明記されたものの、実態としては、保育所の絶対数が不足する地域が少なくなく、そもそも利用者が保育所を選択できるような環境が十分に整っていなかった点は確認しておくべきだろう。とりわけ都市部では保育所利用を希望する子どもの数が、受けいれ子ども数を上回る状態が続き、2001 年には「待機児童ゼロ作戦」が閣議決定されたが、待機児童問題はその後も解消されていない。

⑤男女共同参画社会基本法

最後に、男女共同参画社会基本法についてふれておこう。1999 年に制定された同法では、「社会における制度又は慣行が、性別による固定的な役割分担等を反映して、男女の社会における活動の選択に対して中立でない影響を及ぼすことにより、男女共同参画社会の形成を阻害する要因となるおそれがあることにかんがみ、社会における制度又は慣行が男女の社会における活動の選択に対して及ぼす影響をできる限り中立なものとするように配慮されなければならない」（第 4 条）とし、また「子の養育、家族の介護その他の家庭生活における活動について家族の一員としての役割を円滑に果たし、かつ、当該活動以外の活動を行うことができる」（第 6 条）社会を形成していくとうたっている。この法によって社会制度・慣行を「男性稼ぎ主」型から中立にしていく方向性が、国の基本法としてうちだされたと評価されている（大沢，2007）。

3．ミクロ・レベル：親族や夫の援助、人的資本としての学歴、夫の収入水準、職場の雇用慣行

ソーシャルサポート要因：親族による援助と夫の家事・育児参加

親族による育児や家事援助の実態を長期的に追うことのできるデ

ータは少ない。ここではまず、親との同居（3世代同居）の傾向について確認してみたい。親と同居することイコール、親からの育児や家事援助を受けることではないものの、親と同居しているかどうかで、親から援助を受ける可能性が左右される側面も大きいと思われる。

国民生活基礎調査では、児童のいる世帯のうちの、3世代世帯割合を算出することができる。調査が開始された1986年における、児童のいる世帯のうちの3世代世帯割合は27.0%であったのが、1990年で26.8%、1996年で26.1%、2000年24.5%、2005年23.8%、2012年18.0%と、ずっと減少傾向にある[10]。ここから、少なくとも「同居」という、親からの援助を受けやすい条件をそなえる人の割合は、減少傾向にあることが確認できる。

夫の家事・育児参加については、1986年から5年ごとに実施されている社会生活基本調査から、ここ25年間の傾向を確認してみよう[11]。夫婦と子ども世帯の共働きの夫が、家事・育児に費やす合計時間（週あたりの平均）は、1986年、1991年、1996年にはそれぞれ、11分、10分、11分であった。それが2001年には14分、2006年19分、2011年24分となっており、2000年代に入ってから徐々に増加する傾向にある。しかし、2011年の共働きの妻の家事・育児に費やす時間が週平均で4時間12分であることと比較すると、夫の家事・育児へのかかわりは依然低調である。家事や育児をシェアする意味での、夫による妻に対するサポートは、日本社会においてはあまりおこなわれていない。

10　数値は、厚生労働省ホームページ（http://www.mhlw.go.jp/）および厚生省大臣官房統計情報部編『国民生活基礎調査』各年版を参照した。
11　数値は、総務庁統計局ホームページ（http://www.stat.go.jp/）より得た。

女性の高学歴化

次に労働市場で評価される人的資本という観点から、女性の学歴水準について長期的な傾向を確認する。戦後から現在にかけて、女性の高学歴化が進んでいる。学校基本調査[12]によると、女性の4年制大学への進学率は1955年には2.4%であったのが、1965年には4.6%、1975年で12.7%、1985年13.7%、1995年22.9%、2005年36.8%、そして最も新しい2012年で45.8%となっている。ここからは、1990年代以降、女性の大学進学率が大きく伸びていることが確認できる。また1975年時点では男性の大学進学率は41.0%であったのに対して、女性の大学進学率は12.7%と大きな開きがあったのが、それから35年を経た2010年においては、男性の大学進学率が56.4%であるのに対して、女性は45.2%であり、女性と男性の大学進学率の差も縮小している。労働市場に参入する時点での人的資本という意味では、女性と男性の格差は縮小傾向にあるといえるだろう。

夫の収入水準

夫の収入水準は、家計単位で女性の就業が決定される際の大きな条件となる。全国消費実態調査で、その大まかな長期的な傾向を確認する[13]。世帯主が30～39歳で世帯主だけが働いている夫婦と子ども2人の勤労者世帯の年間収入は、1969年で110万円、1974年235万円、1979年350万円、1984年441万円、1989

12　数値は、文部科学省ホームページ（http://www.mext.go.jp/）より得た。
13　数値は、総務庁統計局ホームページ（http://www.stat.go.jp/）および総理府統計局編『全国消費実態調査報告』各年版を参照した。なお、1969年および1974年の数値は、世帯主が35～39歳で世帯主だけが働いている核家族世帯のもの、1979年・1984年の数値は、世帯主が30～39歳で世帯主だけが働いている、夫婦と子どもが1人または2人の世帯のものである。

年507万円、1994年604万円と、1960年代終わりから1990年代半ばごろまでは継続的に増加傾向にあった。それが以後減少傾向に転じ、1999年599万円、2004年559万円と、2000年代半ばごろまでは減少傾向が続いた。2000年代終わりには再び増加傾向に転じ、2009年には563万円となっている。1990年代の経済情勢の悪化が、世帯主の収入の低下というかたちであらわれていることがわかる。

職場の雇用慣行：コース別雇用管理制度

最後に、「コース別雇用管理制度」の名のもとにおこなわれた職場の雇用慣行について述べておこう。コース別雇用管理制度は、1980年代半ばごろから大手銀行・大企業を中心に導入された人事管理制度である（渡辺，2004）。典型的には、基幹的業務に従事し、転居をともなう転勤がある総合職と、定型的業務に従事し、転居をともなう転勤がない一般職という複数のコースを用意し、それぞれのコースに対応した募集採用・教育訓練・異動がおこなわれる。通常、総合職は一般職に比べて昇進が早く、管理職へ登用される可能性がある。対する一般職は、昇進・昇給の上限があらかじめ低く設定されており、管理職への昇進の可能性もない。総合職には遠隔地への転勤などの条件がつけられているため、多くの女性があらかじめ一般職を選ぶように、制度的に誘導され、また総合職を希望する女性にも、面接時に遠隔地への転勤などの事例をもちだして、一般職を選択するよう「助言」や「指導」がおこなわれていたという（渡辺，2004）。

また総合職として就職しえた女性に対しても、必ずしも「男性の大卒と同等」の処遇がなされていたわけではない。1991年の新聞報道では、総合職として企業に就職した女性が、上司から「顧客をまわれ」と言われるだけで仕事のしかたを教えてもらえないケース、小口の顧客相手の営業しかさせてもらえず、大口の法人の顧客相手の営業は同期の男性にまわされるといったケースが紹介されている（『朝日新聞』1991.9.23 朝刊）。つまり 1980 年代から 1990 年代ごろにコース別雇用管理制度を導入していた企業においては、おそらく、大学卒の総合職女性が、意欲をもって働けるポジションや、職務上の能力開発をおこなえる環境は、十分には用意されていなかった。そうした企業側が大学卒の女性の活用方法を熟知していなかったことが、採用時の大卒女性の実質的な「門前払い」といった現象も生んだのだろう[14]。

4．社会経済状況の変化と女性のライフコース

ここでは、前節までで確認してきた日本社会のマクロ・メゾ・ミクロレベルの社会変動と、女性のライフコースとの関連を検討してみたい。すなわち、それぞれの世代の女性のライフコースが、日本社会の戦後の社会変動のどのような地点に位置づくかを検討し、それぞれの世代がライフコース選択の際に共有する特有の社会経済的条件を明らかにする。

図 4-1 は 1950 年代後半から現在までの社会経済的状況の変化を示す、マクロ・メゾ・ミクロレベルでのいくつかの指標やイベントと、1940 年生まれから 1980 年生まれの、いくつかの時点での年齢を示している。マクロな経済状況の変化は、完全失業率の折れ線と、「オイルショック」「バブル崩壊」「リーマンショック」という

14 「就職門前払い、娘の理想砕く」（『朝日新聞』1990.6.27 朝刊）というタイトルの投書では、理系の大学卒の女性の就職の難しさが訴えられている。

経済上のイベントによって示している。またメゾ・レベルでは、社会政策の変化のうち、女性の就業や出産・子育てに強く関連すると思われる法制定（均等法、育児・介護休業法、改正均等法）を示している。加えてミクロ・レベルでの女性の人的資本を示すひとつの指標として、女性の大学進学率の変動を示している。

図 4-1 をみると、1940 年代生まれは、第 1 次オイルショックのときに 30 歳代をむかえていた。30 歳代前半が育児期であったと仮定すると、2 度にわたるオイルショックによる景気後退の時期がおおよそ育児期にあたり、その後の子どもが成長していく時期が、1980 年代以降の経済回復期にあたる。

続く 1950 年代生まれは、オイルショックの時期に学業を終えて労働市場に入った。1980 年代の経済回復期に 30 歳代で、おそらくそのころに、この世代の多くの女性が育児期をむかえた。1990 年代のバブル崩壊後、経済状況が厳しくなる時代が、ちょうど子どもの教育期にあたったと思われる。

1960 年代生まれは、高度経済成長期のただ中に生まれ、1980 年代の経済回復期に学業を終えて労働市場に入った。労働市場へ入ってほどないタイミングで、男女雇用機会均等法が成立した。育児期にあたるであろう 30 歳代前半は、バブル崩壊後の経済状況の厳しい時期であった。また、この世代の多くが育児をしているころに、育児・介護休業法が成立した。

1970 年代生まれは、1990 年代に 20 歳代をむかえる。この時期の女性の大学進学率は 15％程度であり、それ以前の出生コーホートより高くはなっているが、まだそれほど高くはない。学業を終え、労働市場に入るころが、ちょうどバブル崩壊後の経済状況の厳しい時代であった。この世代が育児期をむかえるころまでに、育児・

図 4-1　社会経済状況の変化と女性のライフコースとの関係

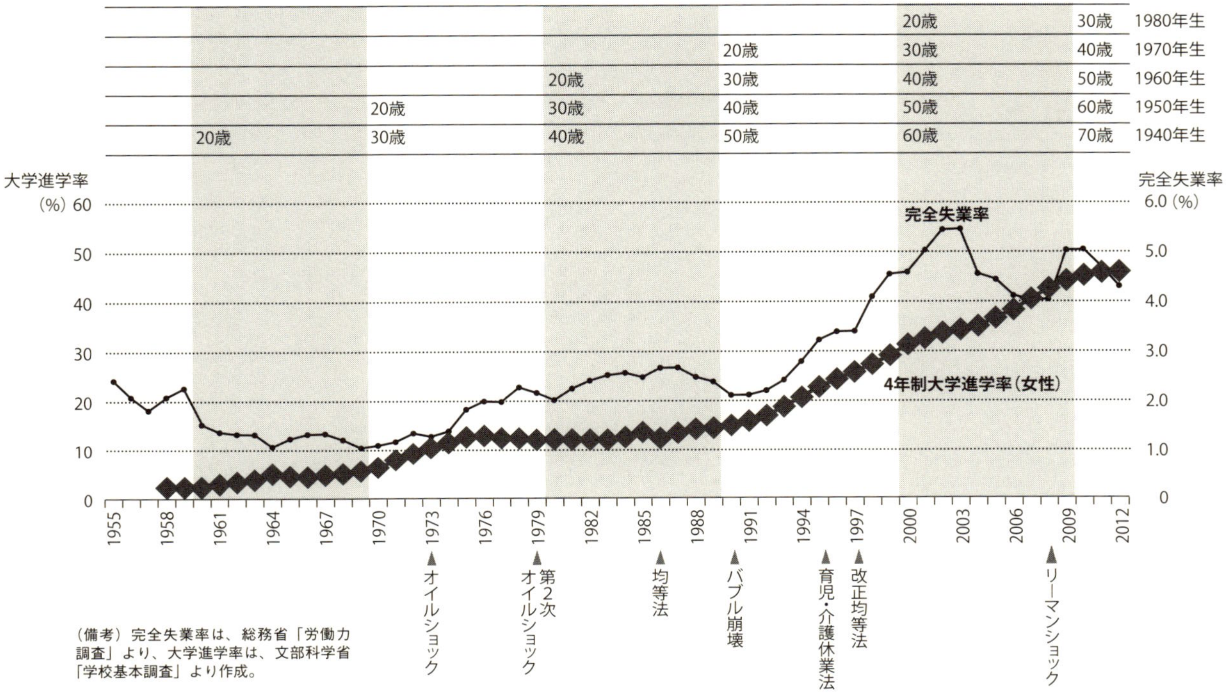

（備考）完全失業率は、総務省「労働力調査」より、大学進学率は、文部科学省「学校基本調査」より作成。

介護休業法および改正均等法が成立した。しかしこの世代の多くが育児期をむかえた2000年代初頭は、「実感なき経済回復」ともいわれる時代で、実生活上の経済状況は依然厳しかった。

最後に1980年代生まれは、2000年代に20歳代をむかえた。このころの女性の4年制大学への進学率は30%を超え、1980年代後半生まれの女性の大学進学率は40%に達している。2010年代の今現在30歳代で、多くが出産・育児期をむかえつつあるといってよい。学卒時期が、ほぼ2000年代はじめのゆるやかな経済の回復期にあたる。

このように、戦後の社会経済状況の変動のもとで、それぞれの世代の女性が育児や子育てをした時期の社会的背景は大きく異なっている。次章では、女性たちが異なる社会的背景のなかで育児や子育て期をむかえたことをふまえつつ、女性の就業を規定する要因に変化があったのかについて、データ分析の結果をもとに検討する。

第5章

出産・育児期の女性の就業行動とその変化は、どのように説明されるのか

——出産・育児期の女性の就業の規定要因

1．出産・育児期の女性の就業行動にかんする研究動向

前章では、女性の就業を左右するような社会的諸条件が、戦後から現在にいたって、どのように変化してきたかについて論じた。本章では、前章でみてきたマクロ・メゾレベルでの社会的諸条件の変化をふまえながら、主としてミクロ・レベルでの要因と女性の就業行動との関連が、コーホート間でどのように変化しているのか（していないのか）を確認していきたい。

出産・育児期の女性の就業を規定する要因については、これまで多くの研究が蓄積されている。その多くが、それぞれの調査時点でのミクロ・レベルでの要因と女性の就業行動との関連を問うものであった。しかしながら、それぞれの研究がもちいているデータはさまざまな出生コーホートを対象としており、ある要因と女性の就業行動との関連が論じられるときには、さまざまな出生コーホートにかんする分析結果がひとくくりに論じられる傾向が強かった。ここでは、各々の研究がもちいたデータに含まれる対象の出生コーホートに注目しながら、いくつかの研究で得られた知見をつなぎあわせるかたちで、女性の就業行動を規定する要因の出生コーホートごとの差異や共通性を明らかにしていく。本章で対象とするのは、これまでの研究の蓄積がある、1940 年代生まれから 1970 年代生まれの女性の出産・育児期の就業行動である。以下では、これまでしばしば注目されてきたミクロ・レベルの要因として、女性自身の学歴、夫の収入、親からのサポートを取り上げ、女性の就業行動との関連について検討する。

学歴の効果

ミクロ・レベルの要因として、とりわけ日本の女性の就業行動と

の関連を考える際の争点のひとつとなってきたのは、女性自身の学歴の効果である。人的資本理論の立場からは、女性が高学歴を取得することは、労働市場でのその人の価値を高め、就業しないことの機会費用を高めるため、就業を促進すると想定される。しかし日本の出産・育児期の女性においては、高学歴取得が就業を促進する効果は、それほど明確には確認されてこなかった。

日本での先行研究を検討すると、おおむね1920年代生まれから1960年代生まれごろまでの女性については、高学歴の取得が出産・育児期の女性の就業を促進する効果を確認しているものはほとんどない。1985年・1995年SSM調査を分析した田中（1998）（対象コーホートは1916～75年生まれ）は、結婚時から末子出生時までのフルタイム継続率に対する学歴の効果を検討しているが、教員層を除くと学歴の効果はみられないと結論づけている。また1992年実施の第10回出生動向基本調査を分析した小島（1995）（対象コーホートは1942～74年生まれ）は第1子乳児期の女性の非就業に対するフルタイム就業確率は、中学卒女性より高校卒の女性のほうが有意に高いことを確認しているものの、大学卒の学歴がフルタイム就業確率を高める効果はみられていない。

1920年代生まれから1960年代生まれごろまでの育児期の女性の就業について、大学卒の学歴がプラスの効果をもつことを示した研究もある。しかしそれらの研究には、いくつかの留保をつける必要があると思われる。例えば今田（1996）は日本労働研究機構（当時）が1991年に実施した「職業と家庭生活に関する全国調査」（対象コーホートは1922～66年生まれ）を分析し、第1子出産後1年後の「非雇用」に対する「雇用就業」確率について、高校卒の女性に比べて短大・専門学校卒と大学卒の女性のほうが「雇用就業」確率が高いという結果を得ている。しかし「非雇用」者には自営業従事者や家族従業者も含まれていると思われる。一般的に、自営業や家族従業に比べて、雇用就業のほうが高学歴と結びつきやすいとするなら、この分析結果から「高学歴女性のほうが、育児期に無職にとどまるよりは、就業を選択しやすい」というイメージを導くことには慎重を期するのではないかと考えられる。また大沢真知子（1993）は 1987 年就業構造基本調査を用いて（対象コーホートは 1933 ～ 62 年生まれ）、年齢別に非就業に対する正規就業確率の学歴の効果を検討している。その分析において、25 ～ 29 歳層、30 ～ 34 歳層において教育年数は女性の正規就業確率を高めるという結果を得ている。しかし、この分析においては、対象者が有配偶女性に限定されているものの、子どもをもたない女性も含まれていると考えられる。したがって、この分析から「育児期の」女性の就業に対する学歴の効果を読みとることには限界がある。

一方で、1960 年代から 1980 年代生まれごろまでの女性を対象にした研究では、女性の高学歴取得が育児期の就業を促進する効果をもつことを指摘する研究が多い。第 11 回出生動向基本調査（1997 年実施）を分析した仙田（2002）（対象コーホートは 1947 ～ 70 年代生まれ）は、第 1 子妊娠時から第 1 子生後 1 年までの正規職員としての就業継続確率を分析し、1959 年以降出生コーホートでは、教育年数が長いほど就業継続確率が高いことを指摘している。同じく第 11 回出生動向基本調査を用いた永瀬（1999）（対象コーホートは 1957 ～ 75 年生まれ）、新谷（1998）（対象は 1980 年代結婚コーホート）においても、第 1 子生後 1 年での正規就業確率が高学歴であるほど高いという知見を得ている。また、消費生活に関するパネル調査をもちいた大沢・鈴木（2000）（対象コーホートは 1959 ～ 69 年生まれ）では、1993～96年に出産を経験した女性の、出産前年から出産年にかけての常勤継続確率に対して、教育年数がプラスの効果をもつことを指摘している。

ただし、比較的若いコーホートを含むデータをもちいた研究においても、育児期の女性の就業に学歴は効果をもたないと指摘するものもある。2005年に労働政策研究・研修機構が実施した「仕事と生活調査」を分析した今田・池田（2006）（対象コーホートは1950～75年生まれ）では、第1子出産前1年間に雇用就業経験のある女性の、第1子出産1年前から出産時までの雇用就業継続に対して、教育年数は効果をもっていないと指摘している。また2008年実施の第4回家庭動向調査を分析した菅（2011）（対象コーホートは1963～80年代生まれ）では、結婚前に雇用就業していた女性の、結婚前からの仕事の離職タイミングに対して、学歴の効果は確認されていない。

以上のように、これまでの先行研究を検討すると、育児期の女性の就業に対する学歴の効果は、変化があったとすれば、それは1960年代生まれごろを境に変化があったのではないかと考えられる。1960年代以前の生まれのコーホートを多く含んだデータを分析した研究では、高学歴取得が就業を促進する効果は見出されていない。しかし1960年代以降（現段階では1980年代生まれまで）に生まれたコーホートを多く含むデータでは、高学歴女性のほうが育児期の就業確率が高い傾向が、比較的多く確認されている。

ただし、1960年代生まれごろを境にみられる変化は、時代効果の可能性がある。なぜなら1960年代以降生まれを対象にした研究で、高学歴取得が女性の就業を促進する効果がみられている研究の多くは、1990年代におこなわれた調査をもちいており、一方で

2000年代に入っておこなわれた調査をもちいた研究では、1960年代以降生まれを対象としていても、高学歴取得が女性の就業を促進する効果がみられないものが多いからである。

夫の収入の効果

世帯単位で暮らしを考えた場合、女性の就業選択は夫の経済状態によっても左右されると考えられる。とりわけ育児に手のかかる時期においては、夫の収入が高いときには、女性の就業が抑制されやすいと想定される。

これまでの先行研究をみると、1920年代生まれから1980年代生まれを含むほとんどのデータで、夫の収入が高いときには、正規／非正規／自営等の就業形態を問わず、育児期の女性の就業を抑制する効果が確認されている（小島, 1995；永瀬, 1994, 1999；新谷, 1998）[15]。ただし、夫の収入の効果と夫が公務員であるかどうかを同時に検討すると、夫の収入の効果は有意でなくなり、夫が公務員であると女性の出産後の常勤での就業継続率が高まるという結果を示す研究もある（大沢・鈴木, 2000）。このことは、世帯単位の暮らしを考える場合に、夫の収入という経済面での安定性と同時に、夫の仕事の家族生活との折り合いのつけやすさという側面も、女性の就業選択に影響するという論点を提起している。確かに、夫の収入という経済的側面のみに注目するという分析モデルは、暗黙に「夫＝稼ぐ人」という役割を前提としたものといえるかもしれない。世帯単位で家事や育児をどのようにやりくりしていくかという観点か

15　仙田（2002）では第1子妊娠時から第1子出産1年後にかけての正規職員としての就業継続に、調査時の夫の年収は有意な効果を示していない。しかしこの研究では、検討されているのが「調査時」の夫の年収である。他の研究と異なる結果が得られているのは、この研究で育児期の時点での夫の経済状態が十分に反映されていないことによる可能性が高い。

ら考えるならば、夫の仕事の経済的な側面だけではなく、夫の働きかた・夫の仕事の「両立のしやすさ」といった側面も、積極的に分析モデルに組みこむべきだろう。

また近年、「育児期」の女性に限定しない分析においては、夫婦ともに高収入のカップルが増加したことによって、夫の収入の高さが女性の就業を抑制する効果が見られなくなったことを指摘する研究もでてきている（小原, 2001；尾嶋, 2011）。しかし育児期の女性の就業にかんしていえば、夫の収入が高い場合には就業が抑制される傾向にあるようだ。

親族（＝親）サポートの効果

女性の就業選択に影響を与えるソーシャル・サポートを考える場合、考えうるサポート源は親だけではない。夫が家事や育児に関与する度合い、（少し成長した）子どもの家事参加、きょうだいネットワーク・近隣ネットワークからのサポート、ベビーシッター等の有償の家事・育児サービス業者によるサポートなども、女性の就業をサポートしうるソーシャル・サポート源である。しかし多くの先行研究では、育児期の女性の就業選択に対するソーシャル・サポートとして、ほぼ例外なく親からのサポートの効果を検討してきた。しかもそれを、親との居住関係によって検討してきた。これは、ある程度、研究対象となったコーホート（おおよそ1940年代生まれ以降）の育児の実態を反映したものであると考えられる。つまり、欧米諸国と異なり、親との同居が一定程度の割合で生起してきた日本社会（第4章第3節参照）では、子世代に小さい子どもがいる時期には親世代から育児サポートが提供され、親世代が老いてくると、子世代から親世代に対してサポートが提供されるというサポート関係が、とりわけ同居世帯では成り立ちやすいと考えられる。そうした同居世帯で成り立ちやすい世代間のサポート関係が、とりわけ育児期の女性の就業にどのようなインパクトをもつのか、という問いが立てられてきたのである。

先行研究によると、多くの研究で親との同居が育児期の女性の就業を促進する効果が確認されている。小島（1995）（対象コーホートは 1942 ～ 74 年生まれ）では、妻・夫いずれかの親との同居が、第 1 子乳児期における女性のフルタイム雇用就業確率を高めることが示され、永瀬（1999）（対象コーホートは 1957 ～ 75 年生まれ）では親との同居が第 1 子出産後の女性の正規および非正規就業確率を高めることが示されている。また永瀬（1999）と同じデータ（第 11 回出生動向基本調査：1997 年実施）を分析した新谷（1998）では、親との居住距離ではなく親からの援助の効果を検討し、親からの援助がある場合には、第 1 子生後 1 年の女性の就業確率（フルタイム・パート・自営ともに）が高まることが示されている。

ただ、親との同居は育児期の女性の就業に効果をもつものの、「どの」親との同居が効果的であるかは、コーホート（あるいは時代）によって変化がみられることを示唆する研究もある。仙田（2002）では、第 1 子妊娠時から生後 1 年までの女性の正規職員としての就業継続に対して、1958 年以前出生コーホートでは第 1 子妊娠時の女性自身および夫の母との同居が、就業継続確率を高めるのに対して、1959 年以降出生コーホートでは、夫の母との同居のみ就業継続確率を高める効果があると報告している。一方 Nishimura（2013）では、第 1 ～ 3 回全国家族調査（1998, 2003, 2008 年）をもちいて、育児期の女性の就業に対する、女性自身および夫の母親との居住距離の効果をそれぞれ検討した。その結果、1998 年（対象コーホートは1949～70年生まれ）および2003年（対象コーホートは1954～75年生まれ）データでは、女性自身および夫の母親とも、居住距離と女性の就業とのあいだにはっきりとした関連はみられなかったが、2008年データ（対象コーホートは1961～80年生まれ）では夫の母親との居住距離が効果をもたない一方で、女性自身の母親については、同居している場合には正規就業確率が高まり、近居（15分以内）の場合には正規および非正規就業確率が高まることが明らかになっている。

また、1960年代生まれ以降のコーホートを分析対象とした研究では、親との同居あるいは親族からのサポートが、育児期の女性の就業を促進する効果がみられないと報告するものもある。大沢・鈴木（2000）（対象コーホートは1959～69年生まれ）では、親との同居は、出産前年から出産年にかけての常勤継続確率に効果をもたないと報告している。また今田・池田（2006）では、第1子出産1年前から出産時までの雇用就業確率に対して、1950～60年出生コーホートでは、親族援助と、育児休業制度や保育所の組み合わせが、雇用就業確率を高めていたのに対して、1961～75年出生コーホートでは育児休業制度と保育所の組み合わせ（あるいはそれらと親族援助の組み合わせ）が雇用就業確率を高めるようになり、雇用継続に効果のある支援が、親族援助中心から社会的援助中心へと移行しつつあると論じている。親族からの援助、とりわけ親からの援助の、育児期の女性の就業を促進する効果が弱まっているかどうかは、検討していくべき論点である。

2. 出産・育児期の就業の規定要因：1960年代および1970年代生まれの女性にかんするデータ分析

「変わる」ことが期待された世代

前節までで、出産・育児期の女性の就業の規定要因のうち、学歴、夫の収入、親からのサポートの効果について、先行研究における議論を検討し、1940年代から1970年代生まれごろまでの傾向を確認した。

本節では、1960年代および1970年代生まれの女性について、先行研究でカバーしきれていないいくつかの論点について、やや詳細な分析をおこなってみたい。この年代に生まれた女性たちは、それぞれに異なる経済状況のもとで、学卒後の就業や出産・育児期を経験してきたが、その時期が男女雇用機会均等法や育児・介護休業法の成立とも重なる（あるいはそれらの法成立の後に出産・育児期をむかえた）ことから、ともに「変わる」ことが期待された世代であったのではないかと思う。しかし第2章で確認したように、これらの年代に生まれた女性たちの就業行動は、結婚前後については変化があったが、出産前後については、大きな変化がみられなかった。本節では、就業率という点では大きな変化がみられていない出産前後の就業行動に注目し、その背景にせまってみたい。

「育児期」の異なるいくつかの局面

分析にもちいるデータは、「消費生活に関するパネル調査」である。以下では、出産・育児期のいくつかの局面において、どのような要因が女性の就業に関連しているかを明らかにする。これまでの先行研究で、「育児期の就業」として照準しているライフコース上の局面は、実に多様であった。ある研究では「第1子妊娠時から第1子出産後1年」の就業継続に注目し、別の研究では「第1子乳児期」や「末子6歳まで」の時期にある人の就業状態に注目していた。それらの異なる局面における就業変化や就業状態の規定要因の、差異や共通性については、それほど注目されてこなかったように思う。

そこで本節では、第1子出産2年前から出産年にかけての就業継続、第1子出産1年後の就業状態、第1子出産後10年間の就業継続、という異なる局面において、女性の就業にどのような要因が関連しているのかを明らかにする。これらの区分も、むろん育児期のあいだの多様な局面のすべてを網羅するものではない。ただ、少なくとも、これらの区分によって、(第1子に限定されはするが)出産前、出産後、そして育児期全体(第1子出産後10年の間に、おそらく第2子、第3子出産も経験しうると考えられるため)という異なる局面において、女性の就業がどのようなメカニズムで決定されるのかに注目することができる。また、出産前について多くの先行研究では「出産1年前」からの就業継続が検討されてきたが、本節では出産2年前からの就業継続について検討する。なぜなら、第2章第2節で確認したように、1960年代・1970年代生まれともに、出産2年前には就業者が多数を占めている状態であったのが、出産1年前そして出産年にかけて就業者が激減する傾向がみられる。つまり出産1年前の時点では、すでに少なくない女性が退職してしまっている。そこで多数の女性がまだ退職という選択をする前の、第1子出産2年前を起点とし、第1子出産年までの就業継続に関連する要因を検討する。

検討する要因は、第4章で検討した、ミクロおよびメゾ・レベルの要因である。ミクロ・レベルの要因としては、女性自身の人的資本、家計の経済状況、およびソーシャル・サポートをとりあげる。またメゾ・レベルの要因としては、労働市場の需給状況および、出産年代（各年代で異なる政策展開状況にあったと想定されるため）との関連を検討する。

人的資本の効果は具体的には、女性自身の学歴（中学・高校／短大・高専、専門学校／大学以上)、職種（事務／専門・技術／販売・サービス／技能・労務／教員）[16]、企業規模（1～99人／100～999人／1000人以上／官公庁)、また、労働市場での経験年数と近似すると思われる、第1子出産年齢によって検討する。家計の経済状況については、夫の収入をもちいる。ソーシャル・サポートについては、親および夫によるサポート可能性を検討する。親によるサポート可能性は、親との居住距離（同居／近居：同一町内または1キロ以内／それ以外：同一区・市町村、同一都道府県、県外、親死亡）[17]によって測定し、夫によるサポート可能性は、夫が官公庁勤務であるかどうかによって検討する。官公庁にも、もちろん多様な職場があるが、家族のケアをになう男性に、比較的配慮された職場が多いのではないかと考えられるからである。メゾ・レベルの要因である出産年代については、第1子を出産した年代を1980年代、1990年代、2000年代にわけて検討する。また労働市場の需給状況として失業率の効果を検討する。

16 「教員」は多くの調査では、「専門・技術」職に含められることが多い。しかし「消費生活に関するパネル調査」では「教員」という独立したカテゴリーが設定されており、また教員という特定の職業に就いていることと女性の就業との関連は、重要な論点であると思われる。そのため本書で職種の効果を検討する際には、「教員」をひとつのカテゴリーとして設定し、その効果を分析する。

17 女性自身の親、夫の親のうち、最も近くに居住する親についての回答である。

表 5-1　第 1 子出産 2 年前から出産年にかけての女性の就業にかんするロジスティック回帰分析の結果（消費生活に関するパネル調査）

	モデル 1				
	1960 年代生まれ				1970 年代生まれ
	就業⇒就業		正規雇用⇒正規雇用		就業⇒就業
	B	Exp（B）	B	Exp（B）	B
切片	-1.257		-3.418		-0.370
学歴（Ref.）中学・高校					
短大・高専、専門学校	0.079	1.083	0.279	1.322	0.171
大学以上	0.634 **	1.884	1.381 ***	3.978	-0.019
出産年代（Ref. 1990 年代）					
1980 年代	0.068	1.070	-0.061	0.941	
2000 年代	0.135	1.144	-1.211	0.298	0.066
出産 2 年前の失業率	0.210	1.234	0.911 **	2.488	-0.076
出生コーホート（Ref. 1960 年代生まれ） 　1970 年代生まれ					
第 1 子出産年齢					
出産 2 年前に正規雇用					
出産 2 年前の企業規模（Ref. 1000 人以上）					
1 ～ 99 人					
100 ～ 999 人					
官公庁					
出産 2 年前の職種（Ref. 事務）					
専門・技術					
販売・サービス					
技能・労務					
教員					
出産 2 年前の親との居住距離（Ref. 同一区・市町村、同一都道府県、県外、親死亡）					
同居					
近居（同一町内または 1 キロ以内）					
出産 2 年前の夫収入					
出産 2 年前に夫官公庁勤務					
N	816		616		631
Log likelihood	-527.004		-353.218		-421.157
LR χ^2	10.330		37.840		1.260
Prob > χ^2	0.067		0.000		0.868
Pseudo R^2	0.001		0.050		0.002

*p<.05, **p<.01, ***p<.001

			モデル2 1960年代・1970年代生まれ			
	正規雇用⇒正規雇用		就業⇒就業		正規雇用⇒正規雇用	
Exp（B）	B	Exp（B）	B	Exp（B）	B	Exp（B）
	-1.277		-10.877		-6.417	
1.186	0.111	1.117	0.662	1.938	-0.447	0.640
0.981	0.134	1.144	-0.244	0.784	-0.960	0.383
1.069	0.106	1.112				
0.927	0.115	1.122	-0.283	0.753	-0.281	0.755
			0.724	2.063	1.751	5.760
			0.281 *	1.324	0.210	1.233
			2.438 ***	11.451		
			0.147	1.159	-1.139	0.320
			0.225	1.252	-0.472	0.624
			2.133 *	8.443	3.867 *	47.817
					0.341	1.405
					-4.093	0.017
					0.034	1.409
					0.467	1.596
			0.657	1.928	1.648	5.197
			1.483	4.410	2.013	7.482
			-0.001	0.999	0.000	1.000
			0.461	1.585	-0.805	0.447
	421		117		73	
	-268.260		-51.634		-30.406	
	3.050		53.550		40.040	
	0.550		0.000		0.001	
	0.006		0.342		0.397	

出産２年前から出産年にかけての就業の規定要因

表 5-1 のモデル 1 は、第 1 子出産 2 年前に就業していた人が、出産年において就業している確率、および第 1 子出産 2 年前に正規就業していた人が、出産年において正規就業している確率に対する、学歴、出産年代、および失業率の関連を、1960 年代生まれと 1970 年代生まれにわけて検討した[18]。

なお「消費生活に関するパネル調査」では、各調査対象者に対して 18 歳以降の毎年の就業形態について回顧的にたずねている。この履歴データをもちいると、調査開始以前に第 1 子を出産した人についても、出産時および出産前の就業状況を把握することができる。履歴データをもちいることによって、より多くの対象者を分析に含めることができると同時に、調査開始以前、つまりおもには 1980 年代に出産した人と、1990 年代、2000 年代に入ってから出産した人の就業状況を比較することも可能になる。ただし、履歴データに含まれている情報は限定的であるので、出産前に従事していた職種や、夫や親にかんする情報を含めた分析はおこなうことができない。

表 5-1 のモデル 1 の 1960 年代生まれについての結果をみると、第 1 子出産 2 年前に就業していた人のうち、大学卒の人は中学・高校卒の人に比べて第 1 子出産年に就業している確率が高い。出産年代および第 1 子出産 2 年前の失業率は、有意な効果をもって

18　ここでおこなっているロジスティック回帰分析は、2 値の目的変数に対する説明変数の効果を分析する手法である。モデルのあてはまりのよさを検討するための検定統計量として LRχ^2、その有意確率（Prob>χ^2）が示されている。Pseudo R^2（擬似決定係数）は、モデルの説明力についての指標である。また、おのおのの説明変数の効果は、係数 B、Exp(B) をみる。なお、Exp(B) は、他の変数の影響を調整したオッズ比を示しており、例えばモデル 1 の 1960 年生まれの女性が出産 2 年前から出産年まで就業している確率は、学歴が中学・高校の人に比べて、大学以上の人は 1.88 倍であり、その効果は 1%水準で統計的に有意である。

いない。また、第 1 子出産 2 年前に正規雇用就業していた人についても、大学卒の人は第 1 子出産年に就業している確率が有意に高い。出産年代の効果は有意ではないが、出産 2 年前の失業率が高いときには、第 1 子出産年に正規雇用就業している確率が有意に高い。

続いて 1970 年代生まれについての結果をみると、第 1 子出産 2 年前から出産年にかけての就業および正規雇用就業のどちらの場合にも、学歴、出産年代および出産 2 年前の失業率は有意な効果を示していない。

この分析から明らかになったのは、第 1 子出産 2 年前から出産年にかけての就業および正規就業に対する大学卒の学歴の効果が、1960 年代生まれにのみみられ、1970 年代生まれについてはみられないという点である。出産 2 年前の失業率の効果も、1960 年代生まれの正規雇用就業についてのみみられた。

なぜ学歴の効果が 1960 年代生まれにしかみられないのか？

なぜ学歴の効果が 1960 年代生まれにのみみられ、1970 年代生まれにはみられないのかについては、この分析結果のみからは明らかではないが、以下のような観点から説明可能ではないかと考えられる。すなわち、大学卒の学歴と正規雇用（あるいは条件の良い、安定した雇用）との結びつきが、1960 年代生まれでは強いが、1970 年代生まれでは弱く、1960 年代生まれの大学卒の女性は、就業継続しうる仕事に就ける可能性が高かったのではないか。そのために、学歴の効果が 1960 年代生まれにしかみられなかったのではないか。また 1960 年代生まれで相対的に条件の良い仕事、すなわち正規雇用の職につくことのできた人は、景気が悪いときには、生活上のさ

表 5-2　出生コーホート別にみた学歴と第 1 子出産年での就業形態との関連

（%）

	1960 年代生まれ			1970 年代生まれ		
	中学・高校	短大・高専・専門学校	大学以上	中学・高校	短大・高専・専門学校	大学以上
正規雇用	18.2	23.7	43.8	21.7	24.3	27.0
非正規雇用	5.3	4.9	2.7	8.3	6.2	3.2
自営等	9.9	7.5	2.7	4.8	4.8	1.6
非就業	66.7	64.0	50.7	65.2	64.8	68.3
計	100	100	100	100	100	100

まざまなリスクを回避するため、その職にとどまる傾向を高めるのではないか。表 5-2 では、1960 年代生まれと 1970 年代生まれの学歴と第 1 子出産年での就業形態との関連を示している。表 5-2 をみると、1960 年代生まれでは大学以上の学歴をもつ人はそうでない人に比べて正規雇用就業している割合が高いが、1970 年代生まれでは、出産年での正規雇用就業割合は学歴によってそれほど大きな差異はみられない。ここから、1960 年代生まれでは大学以上の学歴をもつことが、出産年で正規雇用就業すること（すなわち、就業継続できるような条件に恵まれた仕事をもつこと）に結びつく傾向にあったのが、1970 年代では、学歴と出産年での正規雇用就業との結びつきが弱まっていることが確認できる。すなわち、出産 2 年前から出産年にかけての就業または正規雇用就業に対する学歴の効果が、1960 年代生まれではみられ、1970 年代生まれでみられないことには、学歴と正規雇用就業（＝就業継続しうる条件にある仕事）との関連の変化があるのではないかと考えられる。

出産２年前の職業・家計状況・サポートを考慮した分析

次に、分析対象者数は限定されるが、調査開始後に出産した人について、出産2年前の職業や家計状況、サポートにかんする状況も考慮した分析をおこなう。対象者数が少ないため、出生コーホート別の分析はおこなわない。

表5-1のモデル2では、出産2年前から出産年にかけての就業および正規雇用就業について、出産2年前の職業や家計状況、夫や親によるサポート可能性についての変数を考慮した分析結果を示している。出産2年前から出産年にかけての就業については、学歴、出産2年前の失業率、出生コーホート、第1子出産年齢、出産2年前に正規雇用であったかどうか、出産2年前に勤めていた会社の企業規模、親との居住距離、夫の収入、夫が官公庁勤務であったかどうか、の効果を検討した。正規雇用就業については、出産2年前に従事していた職種の効果も検討した。

まず出産2年前から出産年にかけての就業についての結果をみると、出産年齢が高いほど、正規雇用就業していた人ほど、また1000人以上の規模の会社に勤めていた人に比べて、官公庁勤務の人ほど、出産年に就業している確率が高い。出産2年前から出産年にかけての正規雇用就業については、官公庁勤務の人ほど出産年にも正規雇用就業している確率が高い。

このように、第1子出産2年前から出産年にかけての就業について大きな効果をもつのは、官公庁勤務であることと、正規雇用就業していることであった。また正規雇用就業に限定した場合には、官公庁勤務であることが最も大きな効果をもっていた。学歴は効果をもっていなかった。

すなわち、出産2年前から出産年にかけての就業には、「どこに勤めているか」と「どんな雇用形態で働いているか」、つまり官公庁という職場、正規という雇用形態で働いていることが大きな意味をもつ。学歴は、そうした就業継続しやすい職場や雇用形態に就ける可能性を高める効果はもつかもしれないが、学歴そのものが就業継続を促進するわけではない。

またこの結果は、官公庁という職場、正規という雇用形態という、日本のさまざまな職場と多様な就業形態のなかで、非常に限定的な職場や雇用形態にある人しか、就業を継続できないことを示している。第 2 章第 2 節で確認したように、1960 年代・70 年代生まれともに出産年では非就業者が 70%にのぼることの背後には、ある特定の職場や雇用形態にある人しか、出産まで就業を続けることができない、その他多様な職場や就業形態で働く人には、出産まで就業を続けられるような環境が与えられていないことがあるといえる。

出産 1 年後における就業の規定要因

それでは次に、出産 1 年後の就業および正規雇用就業の規定要因について検討する。考慮する要因は、学歴、出産年の失業率、出生コーホート、第 1 子出産年齢、出産年の親との居住距離、出産年の夫の収入、出産年に夫が官公庁勤務であったか、そして職業に関連する要因として、対象者の初職の職種の効果を検討した。

表 5-3 では、出産経験のある対象者について、出産 1 年後に就業しているかどうか、および正規雇用就業しているかどうかに対して、どのような要因が関連しているかを検討した分析結果を示している。就業しているかどうかについては、1960 年代生まれに比べて 1970 年代生まれの人、出産年齢が高い人、初職が事務職であった人に比べて、専門職や教員であった人、親と同居している人、夫

の収入が低い人、夫が官公庁勤務である人が、出産１年後に就業している確率が高い。正規雇用就業については、出産年齢が高い人、初職が事務職であった人に比べて、専門職や教員であった人、親と同居している人、夫の収入が低い人、夫が官公庁勤務である人が、出産１年後に正規雇用就業している確率が高い。学歴は就業および正規雇用就業双方に対して、有意な効果を示していない。

出産前から出産年にかけての分析結果（表5-1）と比較すると、もちいた変数は異なっているものの、出産１年後においても職業にかかわる要因が、女性の就業確率に効果をもっている。初職は必ずしも出産前の職業と同一ではないが、専門職や教員といった資格をともなうことの多い職種に就き、そしておそらくその仕事を出産前まで続けた人が、出産１年後にも就業する傾向にあると思われる。また、女性が専門職や教員として働く職場の多く（たとえば学校や病院など）は、子どもを育てる女性に比較的配慮ある労働環境であるという点も、これらの職種に就く女性の出産１年後の就業確率の高さに関連していると思われる。

また出産１年後においては、夫の収入という家計状況、また親との同居や夫が官公庁勤務であるかどうかといった、夫や親によるサポート可能性が、就業および正規雇用就業に効果をもつようになっている点は興味深い。出産前には、女性自身が勤める職場や仕事の条件が、就業を大きく左右していた。しかし出産後には、そうした職業にかかわる要因に加えて、実際の子育て費用をどのように捻出するかという家計運営にかかわる問題、仕事をもちながら子育てしていくために必要なサポートを調達できるかといった問題が、女性が就業するかどうか／就業できるかどうかに大きくかかわってくることが示唆される。

表 5-3　第 1 子出産 1 年後および第 1 子出産年から 10 年間の女性の就業にかんするロジスティック回帰分析の結果（消費生活に関するパネル調査）

	出産 1 年後		
	就業（対その他）		正規雇用（対その他）
	B	Exp（B）	B
切片	-3.221		-3.833
学歴（Ref.）中学・高校			
短大・高専、専門学校	0.023	1.023	-0.495
大学以上	0.378	1.460	0.240
出産年の失業率	-0.132	0.876	-0.274
出生コーホート（Ref. 1960 年代生まれ） 1970 年代生まれ	0.736 *	2.088	0.601
第 1 子出産年齢	0.081 *	1.084	0.109 *
初職（Ref. 事務）			
専門・技術	1.155 ***	3.174	1.347 ***
販売・サービス	-0.022	0.988	-0.450
技能・労務	0.628	1.873	0.107
自営等	0.656	1.927	0.483
教員	1.121 **	3.069	1.489 **
出産年の親との居住距離（Ref. 同一区・市町村、同一都道府県、県外、親死亡）			
同居	0.671 *	1.957	1.109 ***
近居（同一町内または 1 キロ以内）	0.493	1.638	0.331
出産年の夫収入	-0.002 *	0.998	-0.002
出産年に夫官公庁勤務	0.872 ***	2.391	1.059 **
最新調査年度の子ども数（Ref. 1 人）			
2 人			
3 人以上			
N	483		483
Log likelihood	-250.426		-197.427
LR χ^2	57.720		63.710
Prob > χ^2	0.000		0.000
Pseudo R^2	0.103		0.139

*p<.05, **p<.01, ***p<.001

	第1子出産後10年間			
	就業継続（対その他）		正規雇用継続（対その他）	
Exp（B）	B	Exp（B）	B	Exp（B）
	-1.827		-5.059	
0.610	-0.315	0.730	0.099	1.104
1.271	-0.299	0.742	0.304	1.356
0.760	-0.308	0.735	-0.026	0.975
1.824				
1.115	0.047	1.048	0.069	1.072
3.845	0.816 *	2.260	0.963 *	2.619
0.638	-0.262	0.770	-1.237	0.290
1.113	0.279	1.322	0.654	1.923
1.621	2.144 ***	8.531	0.969	2.637
4.431	1.201 **	3.322	1.391 **	4.020
3.030				
1.393				
0.998				
2.883				
	-0.313	0.731	0.606	1.833
	-0.535	0.586	0.524	1.689
	704		704	
	-291.049		-172.761	
	31.49		35.55	
	0.001		0.000	
	0.051		0.093	

出産後10年間の就業継続の規定要因

さらに、表5-3では、出産を経験し第1子が10歳以上に達している人のみを対象とし、出産後10年間就業継続したか、あるいは正規雇用就業を継続したかについて分析した結果を示している。夫の収入や親との居住距離、夫の職業は時点によって異なると思われるため、ここでは考慮せず、学歴、出産年での失業率、第1子出産年齢、初職、および最新調査時点での子ども数の効果を検討した。その結果、第1子出産後10年間の就業継続に効果をもつのは初職であり、初職が事務職の人に比べて、専門職や自営業、教員である場合には就業継続確率が高いことが明らかになった。正規雇用就業継続確率に対しても初職が効果をもっており、専門職や教員である場合には正規雇用就業継続確率が高い。

3. 小括：出産・育児期の女性と日本の労働市場

「働き続けられる職場」「働き続けられる仕事」の限定性

以上の分析結果をまとめよう。まず出産2年前から出産年にかけての就業および正規雇用就業について、学歴の効果がみられるのは1960年代のみで、1970年代生まれについては学歴の効果はみられなかった。先行研究の検討から、出産前後の就業継続に対して学歴が効果をもつのは、1960年代生まれ以降ではないかと推測されたが、ここでの分析の結果からは、出産前から出産年までの就業継続に学歴が効果をもつのは、1960年代生まれに限定される、あるいは少なくとも1970年代生まれにおいては、学歴は効果をもたないことが明らかになった。この背後には、とりわけ1970年代生まれの多くが学卒から結婚・出産期をすごしたバブル崩壊後の

1990年代の厳しい経済状況のなかで、大学卒であっても必ずしも正規雇用に代表されるような、安定した、就業継続しうる条件の仕事に就くことができなくなったことがあると思われる。1960年代生まれではみられた大学卒の学歴と正規雇用との関連が、1970年代生まれではみられなくなったことが、コーホート間での学歴の効果の差異としてあらわれているのではないか。

ただし1960年代生まれにおいて学歴が効果をもつとしても、高学歴を取得することそのものが女性の就業を促進する効果をもつというよりは、「就業継続できる仕事に就けるかどうか」に効果をもつようだ。出産前の雇用形態や従業先の企業規模を考慮すると、学歴の効果は消失する。出産前から出産年にかけての就業に効果をもつのは、正規雇用であることと、官公庁勤務であることであった。また出産前から出産年にかけての正規雇用就業にも、官公庁勤務であることが有意な効果をもっていた。つまり1960年代および1970年代生まれの女性において、出産前から出産年にかけて就業継続することができたのは、官公庁という職場で働いている、正規雇用されているといった、多様な職場・多様な働きかたが存在するなかでの非常に限定的な層であるということができる。出産まで働き続けられる職場・働きかたのほうが、むしろまれであるといえるだろう。

「働き続けられる職場」「働き続けられる仕事」に就けた人のみが就業できるという構図は、出産後も変わらない。出産1年後の就業確率および正規雇用就業確率についても、初職が事務職であった人に比べて、専門職や教員であった人のほうが就業（正規雇用就業）確率が高いという結果が得られた。出産後10年間の就業継続／正規雇用就業継続確率に対しても、初職が専門職や教員であることが、継続確率を高める効果を示していた。専門職や教員といった、多くの場合資格をともなうがゆえに、雇用が比較的安定的で、学校や病院など、家族責任を果たす人に比較的配慮ある職場で勤務する場合が多いと思われる職種に就く人のみが、出産後も働くことができる。逆にいえばそれは、その他の多様な職種に就いた人びとは、出産後のほどない時期に働くこと／出産後に働き続けることが困難であるということだ。

出産前／出産後の就業を規定する異なるメカニズム

また出産後には、夫の収入といった家計状況、親との居住距離や夫が官公庁勤務であるかといった、親や夫からサポートを受けられる可能性があるかどうかも、女性の就業と関連をもつことが明らかになった。これまでの先行研究においても夫の収入や親との居住距離は、女性の就業を左右する要因として指摘されてきた。しかし本章での分析から、これらの要因が効果をもつのは、実際に子どもが生まれた出産後の時期であることが明らかになった。出産するまでの就業については、むしろ女性自身が従事する職業にかかわる要因が、より大きな効果をもっている。出産後、実際に育児が始まってのちに、育児のコストとも照らし合わせて家計全体のなかで女性の収入がどの程度必要であるかが判断され、また、親や夫が実際にどの程度、家事や育児をサポートできるかどうかが、女性が仕事をもつうえでの切実な問題として立ち現われてくるのだと思われる。出産する前と出産後では、女性の就業が決定される際に、異なるメカニズムが働いている。

「女性は働きやすくなった」のか？

このような 1960 年代および 1970 年代生まれについての分析に

おいて明らかになったことは、彼女たちが出産・育児期をすごした時期の日本の労働市場において、子どもをもつ女性が「働き続けられる職場」と「働き続けられる仕事」の驚くべき限定性である。出産・育児期において就業することができるのは、働き続けられるような職場、働き続けられるような仕事に「運よく」就くことができた人のみであり、その他の多様な職場・多様な仕事に就く人の多くは、出産するまでに仕事を辞めている。第1子出産2年前には80%以上が仕事をもっていたのが、出産年には仕事をもっていない人が70%を占めるようになる、その背後には、日本の労働市場で出産・育児期にある女性が働ける、働き続けることのできる職場や仕事が非常に限定的であることが関連している。1960年代生まれ、1970年代生まれの女性が「変われなかった」理由は、そこにある。

もし「女性が働きやすくなった」というイメージが流布しているとすれば、それは修正を要する。少なくとも1960年代・1970年代生まれまでの出産・育児期の女性にとって、働ける／働き続けられる職場や仕事は、それほど多くはない。

第6章 出産後からポスト育児期にかけての就業キャリア

1．第１子出産後の就業状況

ポスト育児期の就業を問うこと

本章では出産後からポスト育児期にかけての女性の就業キャリアとその規定要因について明らかにする。

本書で「ポスト育児期」とは、子どもに最も手のかかる時期はすぎたけれども、しかしまだ子どもに対する世話や教育面での配慮が必要とされる時期をさす。具体的には、末子就学から高校卒業までくらいのライフステージを意味する。育児期の女性の就業にかんする研究の蓄積の分厚さに比べ、このポスト育児期の女性の就業とその背景に対しては、これまでそれほど多くの関心が寄せられてきたとはいえない。しかし前章までの議論をふり返るなら、多くの女性が結婚や出産を機に退職するなかで、ポスト育児期は多くの女性が再就職する時期にあたる。西村（2009）が指摘するように、多くの女性が仕事と家族生活とのあいだで、いかにバランスをとるかという問題に直面するのは、実はこのポスト育児期なのである。

しかしポスト育児期の女性の就業キャリアとその規定要因については、これまであまり多くのことがわかっていない。それはおそらく、このライフステージの女性の多くがパートタイム等の非正規で就業していることと関連があると思われる。すなわちパートタイム等での就業は「家族生活に支障のない」範囲での働きかたであり、それゆえに家族生活とのバランスがとりやすい一方で、キャリア形成は望めないという前提で議論されてきたのではないだろうか。しかし、例えばパートタイマーの戦力化・基幹化（本田，2010）の議論があるとおり、パートタイム等の非正規での就業のありかたも一枚岩ではない。ポスト育児期において、どのような女性がどのよう

表 6-1　出生コーホート別第 1 子各年齢時の就業形態

（%）

1960年代生	0歳	1歳	2歳	3歳	5歳	7歳	12歳	15歳	18歳
正規雇用	19.2	15.7	14.4	14.0	15.5	15.6	16.3	18.9	21.4
非正規雇用	5.0	7.1	10.1	12.6	16.3	22.4	37.4	39.3	39.9
自営等	6.2	6.2	6.5	8.0	9.3	10.7	10.8	12.2	10.5
非就業	69.6	71.1	69.0	65.4	58.9	51.4	35.5	29.6	28.1
計	100	100	100	100	100	100	100	100	100
N	886	893	890	888	870	823	657	507	313

1970年代生	0歳	1歳	2歳	3歳	5歳	7歳	12歳
正規雇用	19.8	16.0	14.6	14.0	14.6	12.7	16.2
非正規雇用	7.3	12.1	15.0	18.0	27.1	31.2	41.9
自営等	3.9	4.2	5.8	8.0	8.6	7.6	5.7
非就業	69.1	67.8	64.6	50.0	49.8	48.5	36.2
計	100	100	100	100	100	100	100
N	647	614	582	528	440	330	105

注：1970 年代生まれの第 1 子 15 歳、18 歳時点についてはケース数が少ないため掲載していない。

な働きかたをしているのか、また再就職行動や、その後のキャリア形成にどのような要因が影響しているのかは、明らかにされるべき問いである。

出産後の就業状況

まずは、第 1 子を出産した女性が、その後どのような就業状況にあるのかを記述的な分析から確認してみたい。もちいるデータは前章までと同様、「消費生活に関するパネル調査」である。

表 6-1 は、第 1 子の各年齢時の女性の就業形態を、1960 年代生まれと 1970 年代生まれとにわけて示している。第 1 子がその年

齢であったときの女性の就業形態がわかるケースをすべて分析対象としているため、Nはそれぞれの年齢時点で異なっている。また第1子年齢が高くなるにしたがってNが小さくなっているのは、この調査の調査デザインが関連している。すなわち、このデータにおいては観察開始が、女性の年齢が20歳代半ばから20歳代後半（1960年代生まれについては30歳代前半）の時期である。そのため第1子年齢が高い時点での就業状況が観察できるのは、観察回数を重ねたケースに相対的に偏るので、第1子年齢が低い時点での就業状況よりも観察できているケースが少なくなっている。加えて、この調査では過去の就業状況についても回顧的にたずねているため、観察開始時点ですでに第1子を出産していた人についても、出産年から観察開始時点までの就業状況がおおむね把握されている点も、第1子年齢が低い時点でのNが相対的に多いことに関連している。また、1960年代生まれに比べて1970年代生まれのほうが相対的にケース数が少ないのは、1970年代生まれでは、今回もちいた2008年までに、第1子がその年齢に達していない人がまだ多くいるためであると思われる。

表6-1において、まず1960年代生まれ、1970年代生まれに共通にみられるのは、第1子0歳時点では、70％程度が非就業であったのが、第1子年齢が高くなるにつれて非就業者の割合は低下し、第1子12歳時点では1960年代・1970年代生まれともに非就業割合は35％程度にまで小さくなっていることである。非就業者割合が低下しているのに対して、第1子年齢が高くなるにつれて増加しているのが、非正規雇用者である。非正規雇用者割合は、第1子0歳時点では、1960年代・1970年代生まれともに10％に満たなかったのが、第1子12歳時点では1960年代生まれで37.4％、

1970年代生まれでは41.9%にまで達している。正規雇用者割合は、第1子年齢が高くなってもそれほど変化しておらず、1960年代・70年代生まれともに、第1子0歳から12歳までのあいだずっと20%に満たない。

またコーホート間の差異に注目すると、1960年代生まれに比べて1970年代生まれのほうが、第1子年齢が低い時点（第1子1歳から5歳くらいのあいだ）での非就業割合が低く、非正規雇用者割合が高い。第1子5歳時点での非就業割合は、1960年代生まれでは58.9%であるのに対して、1970年代生まれでは49.8%にとどまる。一方第1子5歳時点での非正規雇用者割合は、1960年代生まれが16.3%であるのに対し、1970年代生まれでは27.1%に達している。また、ほかにもコーホート間の差異としては、第1子年齢のどの時点においても1960年代生まれに比べて1970年代生まれは、非正規雇用者割合が高く、自営業等に従事する人の割合が小さいことも指摘できる。

ここから1960年代および1970年代生まれの女性の第1子出産後の就業行動について示唆されるのは、ひとつには第1子出産時に非就業だった女性の多くが、第1子が小学校を終えるころまでには、働くようになっているということである。そして働くようになった女性の多くが、非正規雇用者として就職しているのではないかということである。また、出生コーホート間で再就職のタイミングが変化してきており、1960年代生まれに比べて1970年代生まれの女性は、より早い時期に、すなわち第1子が乳幼児期のうちに再就職する傾向を強めているのではないかと推察される。

出産後の就業変化

次に、就業形態の変化に注目し、第１子出産後の女性の就業行動を確認してみたい。表6-2では、出生コーホートごとに、第１子出産後10年間の就業形態の変化を１年ごとに示している。就業形態の変化は、その１年間に同一の就業形態で継続就業したか（「正規継続」「非正規継続」「自営継続」）、継続就業していたが就業形態の変化があったか（非正規から正規になった、正規から自営になった等）、就職したか、退職したか、その１年間非就業であったか、で分類している。

表6-2をみると、「正規継続」は1960年代生まれ、1970年代生まれともに第１子を出産してから10年目まで、毎年10～15％程度のあいだで推移している。「非正規継続」の割合は出産後年々増加し、第１子を出産して９年目ごろには20％以上に達している点は1960年代生まれ・1970年代生まれに共通であるが、増加のしかたはコーホート間で異なっている。すなわち1960年代生まれに比べて1970年代生まれのほうが、第１子出産後より早い段階から「非正規継続」割合の増加がみられ、出産４～５年後の段階ですでに20％近くに達している。「自営継続」は、出産後のどの段階においても、全体の中でそれほど大きな割合を占めておらず10％以下であるが、1960年代生まれのほうが1970年代生まれに比べて、その占める割合がやや大きい。就業形態の変化をともなう就業継続も、全体のなかではそれほど大きな割合を占めてはいない。ただ、1970年代生まれにおいては、第１子出産後徐々に増加する傾向もみられ、出産年から出産１年後にかけては1.5％であったのが、９～10年後には6.4％となっている。「就職」経験者の割合は、出産後の各年において、1960年代生まれよりも1970年代生まれ

表 6-2　出生コーホート別第 1 子出産後 1 年ごとの就業形態の変化

（%）

1960年代生	出産年～1年後	1～2年後	2～3年後	3～4年後	4～5年後	5～6年後	6～7年後	7～8年後	8～9年後	9～10年後
正規継続	14.7	13.8	12.9	12.9	13.3	14.5	13.8	13.4	12.6	13.3
非正規継続	3.0	5.9	7.1	9.4	10.6	13.4	15.9	18.6	21.9	24.1
自営継続	5.1	5.0	4.9	6.4	6.5	7.2	8.6	8.7	8.6	9.2
就業継続（就業形態変化あり）	1.3	1.4	1.8	1.8	2.3	2.0	2.3	3.4	4.2	3.7
就職	4.3	4.9	7.5	6.6	8.3	8.1	7.8	7.9	9.5	8.2
退職	6.2	2.5	4.2	3.7	4.6	4.3	4.7	4.4	4.4	6.1
非就業継続	65.4	66.5	61.5	59.2	54.4	50.4	46.9	43.7	38.9	35.5
計	100	100	100	100	100	100	100	100	100	100
N	875	877	875	869	858	835	811	801	769	736

1970年代生	出産年～1年後	1～2年後	2～3年後	3～4年後	4～5年後	5～6年後	6～7年後	7～8年後	8～9年後	9～10年後
正規継続	14.2	13.7	11.2	11.9	11.9	11.3	10.0	11.6	13.4	12.9
非正規継続	5.1	8.4	10.4	14.9	19.4	21.7	25.5	23.3	23.0	25.7
自営継続	3.0	4.0	5.3	6.6	5.7	5.9	5.8	5.5	4.8	4.7
就業継続（就業形態変化あり）	1.5	1.1	2.5	2.8	4.6	4.6	4.2	6.6	7.2	6.4
就職	8.3	7.7	10.4	12.1	8.5	9.0	6.1	11.6	5.3	11.7
退職	6.4	4.6	5.9	4.7	5.0	5.6	6.4	5.8	11.5	4.1
非就業継続	61.6	60.5	54.3	47.1	45.0	41.9	42.1	35.6	34.9	34.5
計	100	100	100	100	100	100	100	100	100	100
N	606	569	527	471	438	391	330	275	209	171

のほうが高い。また「就職」経験者割合のピークが、1960 年代生まれでは第 1 子出産後 5 ～ 10 年後ごろにあると思われるのに対して、1970 年代生まれでは、そのピークがやや早く、第 1 子出産後

3～4年後ごろに（少なくとも第1の）ピークがあるのではないかと思われる。「退職」経験者割合は、全体のなかでそれほど大きな割合を占めてはおらず、また出産後10年の間に、その割合は大きくは変動していないようである。1960年代生まれ・1970年代生まれともに出産後10年のあいだ、「退職」経験者割合は5％程度の年が多い。「非就業継続」は第1子出産後、時間が経つほど割合が低下している。1960年代生まれ・1970年代生まれともに、出産年から出産1年後にかけては60％以上を占めていたが、9～10年後には35％程度まで減少している。

こうした傾向からは、先の表6-1で示唆された出産後の女性の再就職行動を、よりはっきりと読みとることができる。すなわち、第1子を出産後、多い年には全体の10％程度の女性が就職を経験している。「非正規継続」割合が出産後年々増加しており、その一方で「正規継続」割合は、それほど大きな変動がないことからは、就職した人の多くが、非正規雇用者として就職したことが示唆される。また「就職」経験者が多くを占める年が、1960年代生まれでは第1子出産後5年目以降であるが、1970年代生まれでは出産後3年目ごろであることは、再就職のタイミングが1960年代生まれに比べて1970年代生まれのほうが早まっていることを示唆している。さらに、退職する人や就業形態の変化を経験する人も、出産後10年のあいだ、毎年一定程度存在し、出産後においても女性の就業は、さまざまな変化にさらされているといえるだろう。

このように、出産後からポスト育児期にかけての時期は、多くの女性が（おそらく再）就職し、再び労働市場で活動する時期である。そのなかで、就業形態の変化があったり、場合によっては退職したりすることもある。では、いったい誰がどんな変化を経験するのだろうか。変化は1度だけなのだろうか。再就職した女性は、その後どのような就業キャリアを歩むのだろうか。これらの点について、次節以降で論じてみたい。

2．第1子出産後の再就職の趨勢とその規定要因

どのくらいの人が、いつごろ再就職するのか？

本書でもちいてきた「消費生活に関するパネル調査」の1960年代および1970年代生まれの女性の再就職行動には、どのような傾向がみられるだろうか。本節では、あるイベントの生起やそのタイミングを分析することのできる、イベントヒストリー分析をもちいて、女性の再就職行動の趨勢を確認する。分析の対象とするのは、1960年代および1970年代生まれで、第1子出産年に無職であった女性である。そのうち、観察開始時点ですでに出産後最初の就職イベントを経験している女性（N=272）は、イベント経験時の家族などにかんする情報が十分に得られていないため、分析から除外した。そのため、分析対象となったのは911人である。

分析の対象となった911人のうち、観察期間中に第1子出産後最初の就職を経験した人は507人で、対象者の55.6％にあたる。この数値は、これまでに女性の再就職行動を分析した平尾（2005）（1946～65年生まれを対象としたデータ）、坂本（2009）（本書でもちいたのと同じデータで2002年度までのもの）と、ほぼ同水準である。ここから、1960年代・1970年代生まれ、およびそれより少し前の世代の女性の再就職率は60％程度であるといえそうである。

ただ「再就職率60％程度」という数値は、第1子出産後の経過時間や、出生年代、その他学歴などさまざまな特性の人の行動をお

図 6-1　出生コーホート別にみた第 1 子出産後の最初の就職にかんする累積生存確率

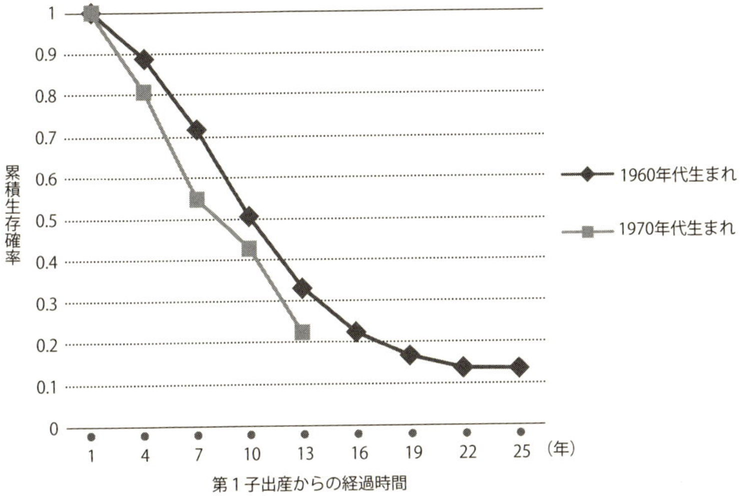

しなべてみたときの数値である。出産したのち、「いつごろ」「どんなグループの人が」「どのくらいの確率で」再就職するのかについては明らかではない。そこでカプラン - マイヤー法によって、グループごとの、時間の経過のなかでの就職イベント経験確率をみてみよう。前節の分析で、1960 年代生まれよりも 1970 年代生まれのほうが、再就職のタイミングが早まっていることが示唆されているため、出生コーホートごとの傾向を確認してみたい。

図 6-1 はカプラン - マイヤー法によって、出生コーホートごとに第 1 子出産後の最初の就職イベント経験確率を推定した結果を示している。X 軸は第 1 子出産後の時間を年数であらわし、Y 軸は無職の状態にとどまっている確率（= 生存確率）をあらわしている。図 6-1 をみると、第 1 子出産後 5 年目ごろまでは、1960 年代生ま

れ・70 年代生まれの女性ともに、無職の状態にとどまる確率は 80%以上である。それ以降、その確率は低下していくが、1960 年代生まれよりも 1970 年代生まれのほうが早いペースで下がっている。出産後 10 年目になると、1960 年代生まれでは約 50%、1970 年代生まれでは 40%程度にまで低下し、13 年目には、1960 年代生まれで約 30%、1970 年代生まれで 20%程度と推定されている。つまり、出産時に無職であった女性の再就職行動は、第 1 子出産後 5 年目ごろからすすんでいき、無職にとどまる確率は、出産後 10 年目で 40 ～ 50%、15 年目前後で 20 ～ 30%程度にまで低下する傾向にある。また、1960 年代生まれに比べて、1970 年代生まれのほうが、第 1 子が幼いうちに再就職する確率が高い。

再就職の規定要因：これまでの知見

次に、女性の就業行動に関連しうるいくつかの要因に注目し、「どんな女性が」再就職するのかを明らかにしたい。第 5 章と同様、女性の就業行動との関連が注目されてきた、女性自身の学歴、夫の収入、親からのサポートについて、先行研究の知見を確認することからはじめよう。

出産を経て「どんな女性が」再就職するかについては、それほど多くの研究の蓄積があるわけではない。おもなものを挙げると、名古屋市の小学校を通じて 1946 ～ 65 年生まれの女性に対しておこなった調査データをもちいた平尾（2005）、2005 年 SSM 調査をもちいて、末子出産時に無職であった女性が就職するかどうかを分析した大和（2011）、本書と同様の「消費生活に関するパネル調査」をもちいて、第 1 子出産年に無職であった女性の就職イベントを分析した坂本（2009）（ただしデータは 2002 年まで）、樋口（2007）（データは 2006 年まで)、同じく「消費生活に関するパネル調査」をもちいて、前の年に無職であった女性の就職確率を分析した樋口(2000)(データは 1998 年まで)、などである。これらの研究も細かくみると、観察の開始を第 1 子出産とするか、末子出産とするかで異なっていたり、必ずしも出産後の就職イベントについて分析しているわけではないものも含まれていたりする。以下では、必ずしも同様のイベントの生起に注目した分析ではないことを留保したうえで、これらの研究から得られた知見の共通性と差異を確認しておきたい。

女性自身の学歴の効果については、樋口(2000, 2007)、平尾(2005)、坂本(2009)では、大学卒以上の学歴をもつ女性は再就職しにくい傾向があると報告している。ただし、樋口(2007)、平尾(2005)では夫の収入を同時に考慮すると、学歴の効果はみられなくなり、坂本(2009)においても、夫の収入をコントロールすると、学歴の係数が小さくなると指摘している。一方、大和(2011)は、女性の正規・非正規雇用での再就職に対して学歴は効果をもたず、自営での再就職に対してのみ、短大以上の学歴がプラスの効果をもつと報告している。

以上のように、女性の再就職に対する学歴の効果は、それほど明確に確認されてはいない。大学卒以上の学歴をもつ女性が再就職しにくいという傾向はみられるかもしれないが、それは夫の収入の効果をコントロールするとみられなくなるような、きわめてひかえめなものといえるだろう。

夫の収入については、その効果を考慮した研究のすべてが、夫の収入の高さは女性の再就職に有意な負の効果をもつと報告している(樋口, 2000, 2007 ; 平尾, 2005 ; 坂本, 2009)。また樋口(2000)

は夫の所得の一時的な低下（前年からの変化）は妻の新規就業に影響しないが、夫の所得の恒常的な低下（3年間の移動平均）は、妻の新規就業確率を高めることを明らかにしている。

親からのサポートの効果は、再就職の局面についても、やはり親との居住距離をもって測定されている場合が多い。平尾（2005）では、夫もしくは自分の親との同居の効果は、女性の再就職に有意な効果をもたないと報告している。一方、坂本（2009）は、親との居住距離が離れているほど、再就職する確率が低いと報告しており、知見は一致していない。この知見のずれは、両研究が対象としているコーホートによるもの（平尾の研究は1946-65年出生コーホート、坂本の研究は1959-73年出生コーホートを対象としており10年の開きがある）か、あるいは地域的な特徴が反映された可能性（平尾の研究は名古屋市でおこなわれた調査データをもちいている）がある。いずれにしてもここでは、一致した知見が得られていない点を確認しておこう。

再就職の規定要因についての分析

こうした先行研究の知見をふまえて、以下では「消費生活に関するパネル調査」の1960年代および1970年代生まれの再就職の規定要因をCox回帰分析によって明らかにする。注目するイベントは、第1子出産後最初の就職イベントである。分析は、観察開始時点で出産後最初の就職イベントを経験していない対象者に限定しておこなう。検討する要因は、第5章第2節と、ほぼ同様である。すなわち、人的資本の効果として、女性自身の学歴、初職の職種、労働市場の経験年数に近似すると思われる、第1子出産年齢を検討する。家計状況については、夫の収入をもちいる。ソーシャル・サポートについては、親との居住距離、および夫が官公庁勤務であるかどうかを考慮する。また労働市場の需給状況として失業率の効果、ほか再就職のタイミングに影響をあたえると想定される子ども数と末子年齢、また出生コーホートの効果も検討する。

表6-3は、第1子出産後の最初の就職イベントにかんするCox回帰分析の結果を示している[19]。表6-3によると、初職が事務職であった人に比べて、専門・技術職であった人・自営業であった人は再就職する確率が高い。親が遠くに住んでいる場合に比べて、親（女性自身あるいは夫の親）と同居している場合、あるいは親が1キロ以内の近くに住んでいる場合には再就職確率が高い。また、失業率が高いときには、再就職確率が高まり、子ども数が多いほど再就職の確率が低下することが確認できる。

人的資本としての学歴は、女性の再就職に対しても効果をもっていない。学歴ではなく初職の職種が再就職確率に関連するという分析結果は、日本の企業のホワイトカラーの人材育成のありかたと、そのなかでのジェンダー化された女性事務職に対するあつかいが関連していると思われる。すなわち企業は、男性事務職に対しては長期雇用を前提として、配置転換とそのなかでのOJT（on-the-job training）によって、企業特殊的な技能を身につけることを期待し、女性事務職に対しては、出産による離職を見越して、そのような訓練が必要ない職務を割りふる。そのため、多くの企業においては、

19　Cox回帰分析では、リスク期間（あるイベントが発生しうると想定される期間）中のイベント発生率に対する、説明変数の効果を分析することができる。モデルの有意性については、モデルに説明変数を加えたときに、モデルの説明力が有意に向上するかについての検定統計量（LRχ^2）とその有意水準（Prob > χ^2）が表の下2行に示されている。それぞれの説明変数の効果は係数およびハザード比によって示す。ハザード比は、例えば初職については、初職が事務職であった人に比べて、専門・技術職であった人は1.45倍就職イベントが起こりやすく、自営等であった人は2.94倍就職イベントが起こりやすい、と解釈する。

表6-3　第１子出産後最初の就職イベントにかんするCox回帰分析の結果
（消費生活に関するパネル調査）

	係数	ハザード比
学歴（Ref.）中学・高校		
短大・高専、専門学校	-0.103	0.902
大学以上	-0.294	0.745
失業率	0.234 ***	1.263
出生コーホート（Ref. 1960年代生まれ） 1970年代生まれ	0.228	1.257
第1子出産年齢	-0.005	0.995
初職（Ref. 事務）		
専門・技術	0.371 *	1.450
販売・サービス	-0.046	0.955
技能・労務	-0.003	0.997
自営等	1.079 *	2.943
教員	0.237	1.267
親との居住距離（Ref. 同一区・市町村、同一都道府県、県外、親死亡）		
同居	0.292 *	1.340
近居（同一町内または1キロ以内）	0.395 **	1.484
夫収入	-0.0002	1.000
夫官公庁勤務	-0.199	0.819
子ども数	-0.328 ***	0.721
末子年齢	0.025	1.025
Number of obs	5008	
Log likelihood	-2390.280	
LR χ^2 (d.f.)	76.03 (16)	
Prob > χ^2	0.000	

*p<.05, **p<.01, ***p<.001

事務職として働いていた女性が出産・育児を経て、再び働けるようなポジション自体が用意されていないのだろう。近年メディアでは、出産・育児でいったん離職した女性に対する再雇用制度を設ける企業がとりあげられることもある。しかしこうした傾向は、おそらく大企業を中心とした一部の企業にとどまっており、女性の再就職確率を高める効果をみせるほどにはなっていない。一方、事務職に比べて専門・技術職や自営業に従事していた人が再就職しやすいのは、これらの職業が、資格に基づいて雇用が決定されたり、家業における必要性から就業する、あるいは自分で起業するなど、企業の人材育成プロセスとは異なる方法でキャリアを形成していく職業であるからであろう。

また夫の収入は、女性の再就職確率に効果をもっていなかった。ただし失業率が高いと女性の再就職確率が高まる効果がみられているので、夫の収入の効果は、失業率の効果に吸収されてしまった可能性がある。すなわち、樋口（2000）が示した、夫の収入の一時的な低下ではなく、恒常的な低下が妻の新規就業確率を高めるという分析結果が示唆するように、家計の状況が長期的に好転しそうにないという見通しが、女性の就業をうながすようだ。だとするなら、失業率の高い不況期において、夫の収入の伸びも期待できないという見通しが、女性の再就職をうながすひとつの理由になっていると考えられる。

ただし、厳しい経済状況・家計状況にあっても、再就職は育児をサポートしてくれる資源に恵まれなければ難しい。2人目、3人目と出産し、子育ての負担が大きくなれば再就職の確率が低下することからも、女性が家事や子育ての負担の多くを担いながら再就職するかしないかを判断していることがうかがえる。家事や子育てをサポートしてくれる資源として、親からのサポートは、再就職の局面においても大きな役割を果たしているようだ。また、人的資本やソーシャル・サポートの効果を考慮すると、出生コーホートによる差異はみられなくなる。

3．再就職の「その後」

空白にされてきた再就職の「その後」

では、再就職を果たした女性は、その後どんな就業キャリアを歩むのだろうか。女性の就業キャリア研究において、再就職した女性の「その後」は、長いあいだ空白のままであった。出産後の女性の就業キャリアが問われるとき、その問いは、出産時に無職だった女性が再就職するかどうかという1点のみに集中してきたといってよい。しかし言うまでもなく、女性の就業キャリアは再就職した時点で終わるわけではない。再就職したのち、どのような女性がどのような就業キャリアを歩むのか、キャリア形成を困難にしたり、あるいは可能にしたりする要因は何なのか、など、明らかにするべき問いは多い。実際、本章第1節で確認したように、出産後10年のあいだにも、就職ばかりでなく、退職や就業形態の変化を経験する女性も一定程度存在し続けている。これは、出産後にいったん再就職した女性も、その後さらなる就業上の変化を経験しうる可能性を示している。本節では、第1子出産後に再就職した女性が、その後どのような就業上の変化に直面するのか、またその背後にある要因について明らかにする。

再就職時の就業形態とその後の変化

本章第2節の分析において、観察開始後に第1子出産後最初の再就職を経験した女性507人の、再就職時の就業形態の内訳は、正規23人（4.5%）、非正規378人（74.6%）、自営等106人（20.9%）であった。非正規で再就職する人が圧倒的に多数を占めていることがわかる。本節では、非正規で再就職した女性の「その後」に焦点をあてる。

非正規で再就職した女性 378 人のうち、観察期間中に就業形態の変化を経験した女性は 205 人（54.2%）である。その内訳は、正規雇用または自営等へ変化したのが 71 人、再び無職になったのが 134 人である。つまり、非正規で再就職した女性の半数が、その後何らかの就業形態の変化を経験しているが、変化の多くを、無職への変化が占めている。非正規で再就職した場合の、その後のキャリア形成の困難を読みとることができる。

では、再就職後どのくらいの時点で、変化を経験しやすいのだろうか。カプラン - マイヤー法による、時間の経過のなかでの変化の経験確率をみてみよう。再就職後、非正規雇用にとどまっている確率は、再就職後 5 年目で 45.0%、10 年目で 25.5%と推定された。ここから、再就職後のかなり早い段階から、さらなる就業上の変化を経験しうることがわかる。

再就職後の、さらなる就業変化の規定要因

次に、非正規で再就職したのち、どんな人がどのような変化を経験する確率が高いかを検討してみよう。ここでは、正規または自営への変化と無職への変化を区別して、それぞれへの変化を規定する要因を明らかにする。考慮する要因は、前節の分析とほぼ同様である。すなわち、人的資本としての学歴、非正規で再就職したときの職種、第 1 子出産年齢、家計状況をしめす夫の収入、ソーシャル・サポート源としての親との居住距離、および夫が官公庁勤務であるかどうか、育児負担の量を示すと思われる子ども数、末子年齢、労働市場の需給状況を示す失業率、ほか、出生コーホートである。

表 6-4 は、多項ロジット分析の結果である[20]。「非正規雇用を継続」

を基準とし、「正規雇用・自営等」への変化、「非就業」への変化に対する、それぞれの要因の効果を示している。考慮した要因のうち、学歴、第1子出産年齢、親との居住距離、夫が官公庁勤務であるかどうか、子ども数、失業率は有意な効果をもたず、またこれらすべての要因を含んだモデル自体も有意ではなかった。そのため、表6-4には、出生コーホート、非正規での再就職時の職種、夫の収入、末子年齢のみを含んだモデルの結果を示している。

まず「正規・自営」への変化に注目すると、再就職時の職種が事務職であった場合に比べて、販売・サービス職であった場合には、正規または自営へ変化しにくい。また有意水準10％であるが、再就職時の職種が技能・労務職であった場合には、事務職であった場合よりも、正規または自営に変化にしくいという傾向もみられた。さらに、10％の有意水準であるが、1960年代生まれに対して、1970年代生まれのほうが正規または自営へ変化する確率が高いという傾向もみられた。無職への変化についてみると、末子年齢が高いと無職になる確率が低いという結果が得られている。

正規雇用あるいは自営業への変化は、収入面・仕事上の裁量と責任の増加などの観点から、キャリア形成の面でプラスの変化と考えることができるだろう。しかしその変化には、再就職時の職種が関連しており、しかも再就職時の職種の少なくない割合を占める販売・

20　多項ロジット分析は、ロジスティック回帰分析を、目的変数のカテゴリーが3つ以上の場合に拡張した分析手法である。目的変数のどれか1つのカテゴリーを基準とし、他のカテゴリーの相対的な起こりやすさを検討する。表6-4についていえば、基準カテゴリーが「非正規継続」であるので、おのおのの説明変数の効果は、「非正規継続」と比較したときの、「正規・自営等」または「無職」への変化の起こりやすさ、という観点から解釈する。例えば「非正規継続」と比較したときの、「正規・自営等」への変化のしやすさについての再就職時の職種の効果は、再就職時の職種が事務職であった人に比べて、販売・サービスであった人は、0.46倍（Exp(B)の値から）であると解釈できる。

表 6-4　非正規雇用者としての再就職後の就業形態変化にかんする多項ロジット分析の結果（消費生活に関するパネル調査）

(Ref. 非正規継続)	非正規⇒正規・自営等		非正規⇒非就業	
	B	Exp(B)	B	Exp(B)
切片	-2.954		-1.930	0.913
出生コーホート (Ref.1960 年代生まれ) 1970 年代生まれ	0.609 †	1.839	-0.091	0.926
非正規での再就職時の職種 (Ref. 事務)				
専門・技術	0.040	1.041	0.024	1.024
販売・サービス	-0.772 *	0.462	0.246	1.279
技能・労務	-0.635 †	0.530	0.127	1.135
教員	-1.377	0.252	0.100	1.106
夫収入	0.000	1.000	0.000	1.000
末子年齢	0.014	1.014	-0.077 **	0.927
N	1511			
Log likelihood	-667.730			
LR χ^2	22.750			
Prob > χ^2	0.065			
Pseudo R^2	0.017			

† p<.10, *p<.05, **p<.01, ***p<.001

サービス職（非正規での再就職者のうち 43.4％を占める）および技能・労務職（同・21.8％）で、正規雇用や自営業へ変化する確率が低い。これは、非正規で再就職したのち、正規雇用や自営業への転換というかたちでキャリア形成していくルートが非常に限定されていることを示している。ただ、1960 年代生まれよりも 1970 年代生まれのほうが、正規や自営への変化を経験しやすい傾向がみられることに対しては、もしかすると企業が非正規雇用から正規雇用への転換制度を導入しはじめたことの効果があらわれているといえるかもしれない。

また、非正規から再び無職になることに対しては、末子年齢が関係していた。おそらく、第 1 子出産後にいったん再就職しても、家事・育児をこなしながら仕事をすることが難しく退職せざるをえなかったり、2人目、3人目を出産したことで、再び育児に専念するという状況があるものと思われる。非正規での再就職ののちも、女性たちは、やはり「育児か、仕事か」のあいだで選択をせまられているようだ。

4. 出産時に仕事をもっていた人の退職行動

さらに、第1子出産年に就業していた女性の、その後のキャリアについても検討しておきたい。第5章および本章第1節の議論をふりかえるなら、第1子出産年に就業していた女性は、全体のなかではむしろ少数で、職種は専門職、官公庁勤務の正規雇用者である可能性が高い。こうした特性をもつ女性たちについて、どんなときに退職リスクが高まるかを検討する。

「消費生活に関するパネル調査」における1960年代および1970年代生まれの女性で、第1子出産年に就業していた女性（N=410）について、まず、カプラン-マイヤー法によって、第1子出産後の時間の経過の中での退職イベント発生リスクを推定した。その結果、第1子出産後5年目で就業している確率は87.6%、10年目で77.0%、15年目で69.2%であった。10年目でも就業している確率は75%を超えており、これは彼女たちが、もともと第1子出産年に就業できるような、職場や家族的条件に恵まれた層であることを反映しているのだろう。現状においてはきわめて限定的な層ではあるが、第1子出産年に就業できるような条件に恵まれた場合には、その後も就業継続できる可能性が高いことが確認できる。

では、こうした女性においても、退職リスクが高まるような要因

表 6-5　第 1 子出産後の退職行動についての Cox 回帰分析の結果
（消費生活に関するパネル調査）

	係数	ハザード比
学歴（Ref.）中学・高校		
短大・高専、専門学校	-0.295	0.745
大学以上	-0.084	0.919
出産年の失業率	0.203	1.225
出生コーホート（Ref. 1960年代生まれ）1970 年代生まれ	0.070	1.073
第1子出産年齢	0.060	1.062
初職（Ref. 事務）		
専門・技術	0.043	1.044
販売・サービス	0.444	1.559
技能・労務	0.769 *	2.158
自営等	-0.876	0.416
教員	-1.063	0.345
親との居住距離（Ref. 同一区・市町村、同一都道府県、県外、親死亡）		
同居	-1.178 ***	0.308
近居（同一町内または1キロ以内）	-0.692 *	0.501
夫収入	0.000	1.000
夫官公庁勤務	-0.813	0.444
子ども数	-0.474	0.622
末子年齢	-0.185 **	0.831
Number of obs	2235	
Log likelihood	-337.773	
LR χ^2（d.f.）	58.63（16）	
Prob > χ^2	0.000	

*p<.05, **p<.01, ***p<.001

はあるだろうか。Cox 回帰分析によって、学歴、失業率、出生コーホート、第 1 子出産年齢、初職、親との居住距離、夫の収入、夫が官公庁勤務であるかどうか、子ども数、末子年齢の効果を検討する。

表 6-5 は、第 1 子出産年に就業していた女性の退職行動についての、Cox 回帰分析の結果である。初職が事務職であった人に比べ

て、技能・労務職であった人は退職する確率が高い。また親が遠くに住んでいる場合に比べて、親（女性自身あるいは夫の親）と同居している場合、あるいは親が1キロ以内の近くに住んでいる場合には退職確率が低い。末子年齢が高いほど、退職する確率は低くなる。

つまり、第1子出産時に就業していた女性の退職リスクにかかわるのは、職種（検討したのは初職であるが）と親からのサポート、および末子年齢である。たとえ第1子出産時に就業していても、子どもがまだまだ幼いうち、あるいは2人目、3人目が生まれて小さい子どもをかかえているうちは、退職リスクは高い。初職が技能・労務職であることが退職リスクを高めることには、もしかするとその職場が男性中心であり、仕事もまた「男性的」であることと関連しているのかもしれない。経験ある女性が「上司」になることを忌避する雰囲気、また仕事の体力的な厳しさなどが、女性の就業継続を難しくしている可能性がある。さらに、親と同居または近居しているときには、退職リスクが低いという分析結果は、逆にいえば「近くの親」がいなくなると、退職せざるをえない可能性が高まることを意味している。たとえ出産時に親が近くに居住していたとしても、その後の転勤、親の健康状態の悪化や死亡などによって、親の近くに住むことができなくなる可能性は十分にある。親というサポート資源が、「誰でも、いつでも」利用できる資源ではないことを考えるなら、第1子出産というハードルを越えたあとの女性の就業継続も、あやうい基盤のうえに成り立っているということができる。

5．小括：出産後のキャリア形成

再就職の趨勢

まず、本章の分析で明らかになったことを確認しよう。1960 年代および 1970 年代生まれの女性において、第 1 子出産年には 70 %程度が就業していなかった。しかし第 1 子が就学するころまでに、約半数が仕事をもつようになる。再就職のタイミングは、1960 年代生まれに比べて 1970 年代生まれのほうが早いようであった。また、出産後 10 年間の働きかたの変化を 1 年ごとに追ってみると、新たに仕事に就く人ばかりでなく、退職する人や就業形態の変化を経験する人も、10 年の間、毎年一定程度存在し、出産後においても女性の就業は、さまざまな変化にさらされていることが示唆された。

第 1 子出産年に就業していなかった女性の再就職行動は、第 1 子出産後 5 年目ごろからすすんでいき、無職にとどまる確率は、出産 10 年目で 40 ～ 50%、15 年目前後では 20 ～ 30%と推定された。再就職する確率は、初職が事務職であった人に比べて、専門・技術職であった人・自営業であった人に高く、親と同居している人または親が近くに住んでいる人に高い。また、失業率が高いときには再就職確率が高まり、子ども数が多いほど再就職確率が低下する。これらの要因をコントロールすると、出生コーホート間の差異はみられなくなった。

再就職後の就業キャリア

いったん再就職した女性は、その後どのような就業キャリアを歩むのだろうか。この問いは、女性の就業キャリア研究のなかで、長いあいだ空白のままであった。しかし女性の就業キャリアは、出産後の再就職をもって終わるわけではない。本書では、再就職後のキャリア形成の可能性や、それを阻む要因について検討した。

再就職したとき、多くの女性は非正規雇用者として就業するのが現状である。本書で分析したデータにおいても、再就職したときの就業形態は、非正規雇用が圧倒的多数（約 75％）を占めていた。こうした非正規で再就職した女性が、非正規雇用者にとどまっている確率は、再就職後 5 年目で 45％、10 年目で 25％と推定された。つまり、女性たちは再就職後のかなり早い段階から、さらなる就業形態の変化を経験しうる。また、その変化の多くは無職への変化が占めている。

では、非正規雇用者として再就職した女性のうち、その後どんな人が、どのような変化を経験するのだろうか。非正規雇用者として再就職した女性が、正規雇用者または自営業従事者になる確率は、再就職時の職種が事務職であった場合に比べて、販売・サービス職であった場合には低かった。非正規雇用者として再就職した女性が、無職になる確率は、末子年齢が高いと低くなる。

出産年に就業していた女性の退職リスク

さらに本章では、第 1 子出産年に就業していた女性の、その後の退職リスクについても分析した。第 1 子出産年に就業していた女性が、出産後 5 年目で就業している確率は 87.6％、10 年目で 77.0％、15 年目で 69.2％と、かなり高い。これはおそらく、彼女たちが第 1 子出産年に就業することができるような、職場や家族的条件に恵まれた層であることを反映している。現状ではきわめて限定的な層であるが、第 1 子出産年に就業できるような条件に恵まれた場合には、その後も就業継続できる可能性が高いといえる。

このような女性においても、その後、退職リスクが高まる要因があるかどうかを検討した。その結果、初職が事務職であった人に比べて、技能・労務職であった人は退職する確率が高く、親が同居または近居している場合には、退職する確率が低いことが明らかになった。

企業の人材形成システムと出産後の女性のキャリア

これらの分析結果から何がいえるだろうか。まず、出産後の女性のキャリア形成において、人的資本としての学歴は、ほとんど機能していないことが指摘できる。むしろ、本書で検討した出産後のいくつかの局面において重要な意味をもつのは、職種であった。学歴は、キャリアを開始する時点で、どんな職業に就くことができるかを左右する要因ではありうる。しかしその後の、とりわけ出産後のキャリアにおいて、学歴自体が女性の再就職確率を高めたり、再就職後の非正規から正規雇用への転換を促進したりする効果は確認されなかった。

出産後の就業キャリアのいくつかの側面で、学歴ではなく職種が重要な意味をもつことの背景には、日本の企業のジェンダー化された人材育成システムのなかで、出産・育児でいったん無職になった女性が、再びキャリアを形成していくことのできるようなポジション自体が、多くの企業に用意されていないという問題があると推察される。初職が事務職であった人が、専門・技術職や自営業であった人に比べて再就職確率が低いのは、事務職においては、長期雇用を前提とした訓練と職務の配分が男性に対してのみおこなわれているからだろう。女性の事務職には、もともと長期的なキャリア形成につながる技能を習得する機会が与えられないことに加え、出産を経て、再び働けるようなポジション自体がないのだと思われる。

企業の人材育成システムから外れた女性の多くは、再就職時には結果的に非正規の販売・サービス職や技能・労務職に就く。しかし非正規でこれらの職業に再就職した場合には、その後正規雇用や自営業など、キャリア形成の面でプラスになりうるような変化を経験しにくい。非正規で再就職したのちの、キャリア形成のルートも、きわめて限定的である。

このような現状に照らして、出産後の女性のキャリア形成という観点から必要とされるのは、企業の職務配分、人材配置のシステムのなかに、いったん無職になった女性が、再びキャリア形成していけるようなポジションやルートをつくりだすことである。その意味で、近年のメディアでとりあげられている、出産・子育てを経た女性の再雇用制度を設ける企業や、経験ある非正規雇用者を、勤務地域を限定した正規雇用者へ登用する制度を創設した企業などの動き[21]は、そうしたポジションやルートをつくりだす動きとして評価できる。こうした動きが、今後女性の再就職行動にどのような影響を与えていくのかに注視したい。

再就職後も続く「育児か、仕事か」の選択

以上のような出産・育児を経験した女性に対する労働市場における「受け皿」の問題に加えて、本章のデータ分析の結果が示唆していたのは、育児が母親中心に担われていることの問題と、就業するときの家事・育児サポートにかかわる問題点である。

子ども数が多い女性は再就職しにくいという分析結果は、子ども数が多い女性は、より多くの家事や育児をこなさなければならない

21　2013年12月3日日本経済新聞1面では、イトーヨーカ堂で地域間異動のない限定正社員制度を導入していることが紹介されている。

ために、仕事をもつことができないと解釈することができる。つまり再就職は、女性が家事や育児をこなすことを前提に決定されているということだ。また、非正規雇用者として再就職してからも、末子年齢が低いときには、無職になりやすかった。そこからは、いったん再就職しても、子どもが幼いうちは家事・育児をこなしながら仕事をすることが難しいために退職せざるをえなかったり、2人目、3人目を出産したことで、再び育児に専念する状況があることが読みとれる。つまり女性は、育児のおもな担当者であるがゆえに、再就職したのちも、「育児か、仕事か」のあいだで選択をせまられているといえる。

親からのサポートの重要性・再考

育児が母親中心に担われているなかで、就業する女性の家事や育児のサポート源として重要な役割を果たしているのが、親である。親と同居する、あるいは親の近くに住んでいることは、いったん無職になった女性の再就職確率を高めるだけではなく、出産時に仕事をもっていた女性の退職リスクを低める効果ももっていた。第5章の議論もふまえるならば、親の近くに住み、親からのサポートを受けられるということは、出産直後から、その後子育て中の女性の就業を支えるという点で重要な役割を果たしている。

ここでは、親との居住距離、すなわち親からのサポートを受けられる可能性が、出産し、子育てをしているあいだ、女性の就業を左右する要因であり続けていることの意味をあらためて考えてみたい。まず、親は女性自身の親か夫の親かのどちらかしかいない。資源としては非常に限定された資源である。また、親というサポート源は、「いつでも」「誰にでも」利用できるサポート源ではない。本章の分析で考慮した居住距離だけではなく、親の健康状態や就業状況、また親との関係性によっても、利用できたり、できなかったりする。また、ある時点では利用可能であっても、「ずっと」利用可能であるわけではない。子世代の転勤、親の健康状態の悪化などによって、あるとき急に利用できなくなる可能性も大きい。再就職した女性、また第１子出産というハードルを越えて就業継続している女性にとっても、その就業が親からのサポートに大きく依存して可能になっているとするなら、その基盤は思っているよりもろいものかもしれない。社会のなかで、育児の負担を、だれがどのように分け持つかということについての議論の必要性を、あらためて提起したい。

第7章 シングルマザーの就業キャリア

1．日本のシングルマザーたち

増加するシングルマザー、厳しい経済状況

本章では、シングルマザーの就業キャリアを検討する。日本社会においてシングルマザーの世帯は増加傾向にある。厚生労働省が継続的に実施している「全国母子世帯等調査」[22]によると、1978年には63万世帯あまりと推定された母子世帯[23]数は、1998年には95万世帯､最も新しい2011年の調査では123万世帯とされている。

シングルマザーの世帯の多くは、厳しい経済状況に直面している。2011年「全国母子世帯等調査」において、2010年の母子世帯の母自身の平均年間就労収入は181万円であり、就労収入が年間200万円未満の母子世帯の母が全体の64％を占めている。また、就労のみならず社会保障給付金（児童扶養手当等)、別れた配偶者からの養育費、親からの仕送りなども含めた、母子世帯の年間平均収入は291万円であり、これは2011年国民生活基礎調査の「児童のいる世帯」の平均所得658万円の40％程度にしか満たない。

働けど、依然苦しい

一方で、シングルマザーの就業率は決して低いわけではない。2011年「全国母子世帯等調査」において、調査時点での母子世帯の母の就業率は80.6％である。労働時間も短いわけではなく、シングルマザーの週平均労働時間は37時間と報告する調査結果もある（周，2008)。

22　厚生労働省ホームページ（http://www.mhlw.go.jp/）にて公表されている集計結果を引用した。
23　「父のない児童（満20歳未満の子どもであって、未婚のもの）が、その母によって養育されている世帯」と定義されており、祖父母世代と同居しているような世帯も含む。

このように母親の就業率が高いにもかかわらず、所得が低く貧困率が高いことは、国際的にみたときの日本のシングルマザーの特徴であると指摘されている。日本において、就業しているシングルマザーの世帯の貧困率は58％に達しており、OECD諸国のなかで最も高い水準にある（OECD, 2008）。これは他の国々において、シングルマザーの貧困が、おもに仕事に就けないことによって引き起こされていることと照らし合わせると、日本に特徴的な状況であるといえる。

シングルマザーが、就業しても厳しい経済状況におかれる背景には、公的な所得移転のありかたや、別れた夫からの養育費の受給率が低いことともに、就労していても得られる収入が低いことが挙げられる（大石，2012a）。シングルマザーは、おそらく時間あたりの賃金が低い仕事に従事しているケースが多く、そのため働く時間は短くなくとも、結果的に十分な収入を得ることができないものと思われる。事実、2011年「全国母子世帯等調査」においても、就業しているシングルマザーの52.1％がパート・アルバイト、派遣社員等の非正規雇用者である。1時間あたりの所定内給与は、男性一般労働者を100としたとき、女性短時間労働者の給与水準は50.5と報告されている（内閣府男女共同参画局，2013）ように、男女間、そして正規・非正規間の賃金格差が存在する。そのため、女性であり、かつ多くが非正規雇用で就業するシングルマザーたちは、働いても十分な収入が得られない状況におかれるケースが多くなる。

本章の問い

こうした状況をふまえ、本章ではシングルマザーの就業キャリアを、正規雇用への転換と退職のリスクという2つの観点から分析する。日本社会においては、正規雇用、非正規雇用のあいだで時間あたりの賃金格差が存在するばかりではなく、雇用の安定性や教育訓練の機会、また社会保障等のセーフティネットの面でも格差が存在する。正規雇用就業の機会を得ることは、シングルマザーの経済的に安定した暮らしを可能にする重要な側面であると思われる。また、シングルマザーにとって、就業を継続していくことは生計を支えるうえでの不可欠の要件である。しかし同時に日本社会においては、子どもを育てながらの就業継続が容易ではないことも想像に難くない。そこで本章では、シングルマザーの退職のリスクを高める要因についても検討し、シングルマザーの就業継続が阻まれるとしたら、それはどのような状況においてであるのかを明らかにしたい。

2．シングルマザーの就業キャリアについての研究動向

シングルマザーの就業キャリアを追った研究は、まだ、それほど多くの蓄積があるわけではない。その理由のひとつには、シングルマザーの就業キャリアを追うことのできるデータ自体が十分に整備されてこなかったことがあると思われる。ここでは、まずシングルマザーの就業キャリアとその規定要因について、これまでの研究で明らかにされていることを確認しよう。

シングルマザーの就業確率について、1997 年就業構造基本調査をもちいて、子どもがいる有配偶女性と比較して分析した永瀬（2003）によると、幼い子どもがいることは、シングルマザー、子どものいる有配偶女性の双方における就業を抑制する。しかしその度合いは、子どものいる有配偶女性に比べてシングルマザーのほうが小さいことを明らかにしている。

正規雇用就業確率には、どのような要因との関連が指摘されてき

ただろうか。大石（2012b）によると、就学前の子どもがいること、シングルマザー本人の健康状態が悪いことは、正規雇用確率を抑制することが指摘されている。また周（2012）では、シングルマザーの正社員就業希望を実現する要因は、末子年齢が6歳以上であることと、看護師・調理師・介護福祉士といった資格の保有であることを明らかにしている。

シングルマザーの就業キャリアについて、佐藤（2011）は、1990～2009年の労働力調査をもちいて、世帯主となっているシングルマザーは、両親世帯の世帯主に比べて正規雇用者になりにくいことを指摘している。また湯澤ほか（2012）では、ある地方自治体の児童扶養手当受給資格者の2002～2006年のデータをもちいて、児童扶養手当受給資格者というシングルマザー世帯のすべてを含むデータではないものの、2005年の就業率が73.3％であるのに対して、2002年から2006年のいずれの年においても就業していたのは39.4％にとどまっており、シングルマザーたちが離職、転職、就職を繰り返しながら就業を継続している可能性を指摘している。

こうした研究動向をふまえて、以下では「消費生活に関するパネル調査」をもちいて、シングルマザーの就業キャリアを検討する。

3．シングルマザーになってからの就業変化

本章の分析では、調査期間中にパートナーとの離別または死別を経験し、シングルマザーになった女性を対象とする。そのため、シングルマザー世帯の内訳のなかで徐々に増加している「未婚の母」は対象者に含まれていない。

本書でもちいている1993年から2008年までの「消費生活に関するパネル調査」データにおいて、調査期間中にパートナーとの離

別を経験した人は160人、死別を経験した人は16人である。離別を経験した人のうち、調査期間中に2度の離別を経験した人が7人いる。離別と死別をともに経験している人はいなかった。本章の以下の分析は、調査期間中の最初の離別または死別時に子どもがいた女性（N=134）について、それ以降の就業キャリアを検討する。離死別時に子どもがいた女性134人について、離死別時の平均年齢は34.6歳であった。離死別時の年齢の標準偏差は5.20であったから、今回のデータでは30歳代でシングルマザーになった人が多くを占めているといえる。離死別時の子ども数は、1人であった人が37％を占め、2人が40％、3人以上子どもがいた人が23％を占めている。離死別時の末子の平均年齢は7.0歳、また離死別時に末子が6歳以下であった人が約50％を占めており、今回のデータに含まれるシングルマザーの多くは、子育てのただなかにあるといってよい。離死別年での就業形態は、正規雇用が35％を占め、非正規雇用が40％、自営業等が4％、非就業が21％であった。

10年後までの就業状況

まず、シングルマザーになってからの年ごとの就業状況を確認しよう。表7-1は、観察期間中にシングルマザーになった女性について、シングルマザーになってから10年目までの各年の就業形態を示している。観察期間中に再婚した人は、再婚以降のデータは含めていない。シングルマザーになってからの年数が経つにつれてサンプル数が少なくなっているのは、本書でもちいているデータの16年間という観察期間の制約上、離死別というイベントが起こってから長いあいだ観察できている対象者は相対的に少なくなっているからである。サンプル数がかなり少なくなる、6年後以降のパー

表 7-1　シングルマザーになった年から 10 年後までの各年の就業形態

（%）

	離死別年	1年後	2年後	3年後	4年後	5年後	6年後	7年後	8年後	9年後	10年後
正規雇用	35.1	39.6	37.8	40.5	42.6	43.8	37.8	43.8	50.0	42.1	47.1
非正規雇用	40.3	44.1	44.9	44.3	44.3	37.5	48.7	31.3	21.4	36.8	29.4
自営等	3.7	1.8	3.1	3.8	3.3	4.2	2.7	12.5	14.3	5.3	11.8
非就業	20.9	14.4	14.3	11.4	9.8	14.6	10.8	12.5	14.3	15.8	11.8
計	100	100	100	100	100	100	100	100	100	100	100
N	134	111	98	79	61	48	37	32	28	19	17

センテージは参考程度にとどめたい。

表 7-1 をみると、正規雇用者はパートナーとの離死別年には 35%程度であったのが、離死別後 5 年後においては 44%となっている。これはシングルマザーになった女性が、生活の安定のために他の就業形態から正規雇用に転換した、あるいはシングルマザーになった時点では就業していなかった女性が、正規雇用で職を得ている可能性を示唆する。非正規雇用で就業する女性は、離死別年から 5 年後くらいまでは 40%程度で大きく変化していない。自営業等に従事する女性は、どの年においてもそれほど多くを占めていない。就業していない女性は、パートナーと離死別した年には 20%程度いたが、5 年後には若干少なくなり 15%程度となっている。

10 年間の就業変化

次に、シングルマザーになってからの 10 年間の各年の就業形態の変化を確認する。表 7-2 をみると、正規雇用継続者は、パートナーとの離死別年から 1 年後にかけては 27%であったが、4 ～ 5 年後には 39.6%になっている。また非正規雇用継続者も離死別年

表 7-2　シングルマザーになった年から 10 年間の各年の就業形態の変化

（%）

	離死別年～1年後	1～2年後	2～3年後	3～4年後	4～5年後	5～6年後	6～7年後	7～8年後	8～9年後	9～10年後
正規継続	27.0	31.6	36.4	32.8	39.6	35.1	32.3	42.9	42.1	41.2
非正規継続	29.7	36.7	32.9	36.1	35.4	37.8	29.0	14.3	21.1	29.4
自営継続	0.9	2.0	1.3	3.3	4.2	2.7	3.2	14.3	5.3	5.9
就業継続（就業形態変化あり）	18.0	8.2	10.1	14.8	4.2	8.1	19.4	3.6	10.5	5.9
就職	9.9	7.1	7.6	3.3	2.1	5.4	3.2	10.7	5.3	5.9
退職	4.5	7.1	3.8	1.6	6.6	0.0	0.0	7.1	5.3	0.0
非就業継続	9.9	7.1	7.6	8.2	8.3	10.8	12.9	7.1	10.5	11.8
計	100	100	100	100	100	100	100	100	100	100
N	111	98	79	61	48	37	31	28	19	17

から 1 年後にかけては 29.7％であったが、4 ～ 5 年後には 35.4％になっており、離死別直後よりは数年後のほうが、前年から同様の就業形態で継続している人の割合が増加している。就業形態の変化を経験する人の割合は、年によってばらつきがあり、15 ～ 20％程度が就業形態の変化を経験している年もある。就職を経験する人の割合は各年ともそれほど多くはないが、離死別年から 3 年後くらいまでは、就職を経験する人が 7 ～ 10％程度を占め、その後割合は低くなっている。退職を経験する人の割合も、それほど多くはなく、多くとも 7％程度である。前年からその年にかけて就業していなかった人の割合は、毎年 7 ～ 10％程度を占めている。

すなわち、表 7-1、表 7-2 からわかることは、以下の点である。まず、シングルマザーの大半は正規雇用者あるいは非正規雇用者として就業している。またシングルマザーになった直後よりは、数年経った時点のほうが、就業している人の割合が増加している。しかし一方で就業していない人も、シングルマザーになってからの10年のあいだ、一定程度存在する。また就業形態の変化や新たに職に就くというイベントは、シングルマザーになった直後にもっとも多く起こっているのであるが、その後も、退職も含めて、就業変化が起こっている。

4. シングルマザーになってからの正規雇用への転換可能性および退職のリスク

では、シングルマザーになってから、どんな人がどんな変化を経験しやすいのだろうか。本章では、シングルマザーが経験しうる就業変化のうち、「正規雇用者になる」ことと「退職する」ことをとりあげる。なぜなら、正規雇用者になることは、シングルマザーが経済的に安定した生活をおくるという観点から、重要な意味をもっているからである。また先の表7-2で確認したように、退職というイベントを経験する人は相対的には少ないものの、それは、シングルマザーとその子どもの暮らしに、経済的に大きなダメージを与えうるからである。

正規雇用への変化

まずは、シングルマザーになってからの正規雇用への変化についてのイベントヒストリー分析をおこなう。分析の対象とするのは、シングルマザーになった年に、非正規雇用であった人、自営業に従事していた人、就業していなかった人（N=86）である。まずカプラン-マイヤー法によって、離死別年からの時間の経過のなかでの正規雇用への変化の生起確率を推定したところ、離死別後5年目において、正規雇用への変化を経験していない確率は68.8％と推

表 7-3　シングルマザーの正規雇用への就業変化にかんする Cox 回帰分析の結果（消費生活に関するパネル調査）

	係数	ハザード比
学歴（Ref.）中学・高校		
短大・高専、専門学校、大学以上	-1.093	0.335
離死別年の就業形態（Ref. 非就業）		
非正規雇用または自営等	0.659	1.932
親との居住距離（Ref. 同一区・市町村、同一都道府県、県外、親死亡）		
同居	0.959	2.614
近居（同一町内または1キロ以内）	0.600	1.823
末子年齢	0.095 **	1.100
失業率	-0.659	0.913
Number of obs	406	
Log likelihood	-95.596	
LR χ^2 (d.f.)	12.15 (6)	
Prob > χ^2	0.059	

*p<.05, **p<.01, ***p<.001

定された。ここから、離死別年に正規雇用されていなかった人が、その後正規雇用の職を得たり、正規雇用へ転換したりすることは容易ではないと推測される。

次に、離死別年を起点に、その後の正規雇用への変化確率に関連する要因について Cox 回帰分析をおこなった。考慮した要因は、学歴、離死別年の就業形態、親との居住距離、末子年齢、失業率である。表 7-3 に Cox 回帰分析の結果を示した。この分析の対象者 86 人のうち、大学以上の学歴をもつ人は 3 人しかいなかったため、「大学以上卒」と「短大・高専、専門学校」のカテゴリーは統合して分析をおこなった。（実は、藤原（2012）が指摘するように、シングルマザーの学歴が低位に偏っていること、またそのことが正規雇用者の割合の低さや勤労収入の低さとも関連していることそのものも問題としてとりあげるべき点である。）

表 7-3 によると、考慮した要因のうち、末子年齢のみが正規雇用への変化に有意な関連を示していた。つまり、末子年齢が高い人は正規雇用への変化が生じる確率が高い。このことは逆をかえすと、末子年齢が低いことは、正規雇用への変化の障壁となっていることを意味する。親との同居は、5％の有意水準には達していないが、同居している場合には正規雇用への変化が生じる確率が高まる傾向がある（10％水準で有意）ことも指摘しておこう。

退職のリスク

次に、シングルマザーになった時点で就業していた人について、どのようなときに退職リスクが高まるかについてイベントヒストリー分析をおこなった。分析対象としたのは、シングルマザーになった年に正規雇用／非正規雇用／自営等のいずれかの就業形態で働いていた女性（N＝106）である。まずはカプラン - マイヤー法によって、離死別年からの時間の経過のなかでの退職イベント経験確率を推定したところ、離別後 5 年目において退職を経験していない確率は 75％であった。シングルマザーになって以降の就業継続確率は、高いといえるだろう。次に、離死別年を起点に、その後、退職というイベントが発生する確率に関連する要因について Cox 回帰分析をおこなった。考慮した要因は、学歴、離死別年に正規雇用であったかどうか、親との居住距離、末子年齢、失業率、再婚イベントの有無である。表 7-4 に Cox 回帰分析の結果を示した。

表 7-4 をみると、末子年齢が高いほど、退職リスクが低くなる

表 7-4　シングルマザーの退職行動にかんする Cox 回帰分析の結果
（消費生活に関するパネル調査）

	係数	ハザード比
学歴（Ref.）中学・高校		
短大・高専、専門学校	-0.194	0.824
大学以上	-1.074	0.342
離死別年の就業形態（Ref. 正規雇用）		
非正規雇用または自営等	-0.854	0.426
親との居住距離（Ref. 同一区・市町村、同一都道府県、県外、親死亡）		
同居	-0.494	0.610
近居（同一町内または1キロ以内）	-0.835	0.434
末子年齢	-0.135 *	0.874
失業率	0.903 *	2.466
再婚イベントあり	2.775 ***	16.040
Number of obs	520	
Log likelihood	-76.601	
LR χ^2 (d.f.)	36.32(8)	
Prob $> \chi^2$	0.000	

*p<.05, **p<.01, ***p<.001

こと、失業率が高いときには、退職リスクが高くなること、また再婚イベントが発生すると退職リスクが高くなることを読みとることができる。こうした分析結果からは、幼い子どもを育てながら、シングルマザーが就業を継続していくことが困難であること、またおそらくはそのような制約のために、失業率が高く経済状況が悪化しているときには、シングルマザーが雇用の調整弁になりやすいことが示唆される。さらに、再婚によって退職がうながされることは、（再婚であったとしても）結婚という制度が性別分業と強く結びついていることを示している。

5．小括：シングルマザーの就業キャリア

本章では、パートナーとの離別または死別によってシングルマザーとなった女性の就業キャリアについて分析をおこなった。本章の分析でもちいたデータにおいては、シングルマザーになった時点で、末子が6歳以下の女性が半数を占めており、本章の分析は、子育てのただなかにあるシングルマザーの就業キャリアが、どのような要因に左右されるかを検討したものと位置づけることができる。むろん、本書でもちいている「消費生活に関するパネル調査」はシングルマザーのみを調査対象にしたものではないため、本章での分析対象者数はかなり小さいものとなっている。そのことの限界はあるものの、シングルマザーになってからの就業をキャリアとして一定期間追い、その規定要因を明らかにすることはこれまであまりおこなわれてこなかった。本章では、そうした作業をおこなうことによって、シングルマザーの、より安定した就業を考えていくにあたっての、いくつかの重要な知見を得ることができた。

シングルマザーの暮らしに相容れない、正規雇用者の働きかた

まずは、本章での分析結果を確認しよう。シングルマザーになった時点で80％近くが就業しており、シングルマザーの就業率自体は高いことが、あらためて確認された。ただし、就業者のなかでの非正規雇用者の占める割合も少なくなかった。

本章では、シングルマザーの就業キャリアを２つの側面から分析した。ひとつは、シングルマザーになった時点で非正規雇用者、自営業等従事者、あるいは非就業であった人が、正規雇用就業に変化

する確率である。イベントヒストリー分析の結果、離死別後５年目で正規雇用に変化していない確率は68.8％と推定され、離死別後に正規雇用の職を得ることの難しさが示唆された。また、正規雇用に変化する確率には、末子年齢が関連しており、末子年齢が低いことは、正規雇用への変化の障壁になっている。正規雇用就業の機会を得ることは、シングルマザーが経済的に安定した暮らしをおくるための重要な側面であると考えられるが、幼い子どもを育てることと、正規雇用就業することとは、両立しがたい現状がある。そこには、日本の正規雇用者が、高賃金と雇用保障の見返りとして、企業から強い時間的拘束を受けていることが関連していると思われる。山口（2009）は、日本の正規雇用者は非正規雇用者に比べて過剰就業（希望しない所定外労働や超過勤務をさせられていたり、働かないこと、あるいはパートタイム就業を希望しながらフルタイム就業をしていること）の傾向が特に強いことを指摘し、その背景には、正規雇用者が単に就業時間が長いだけではなく、企業が正規雇用者の短時間就業希望に応じない傾向が強いことがあると論じている。つまり、一般に日本の正規雇用者は、短時間勤務が認められず、残業をするかどうかについても、個人の都合は考慮されず、企業の意向に従わざるをえない。そうした働きかたが、とりわけ幼い子どもを育てるシングルマザーにとって障壁の大きなものであることは想像に難くない。

労働市場での周辺的なポジションとその帰結

また、本章でおこなったもうひとつの分析は、シングルマザーになった時点で就業していた人において、退職リスクを高める要因についてのイベントヒストリー分析である。退職のリスクが高まるのは、末子年齢が低いとき、失業率が高いとき、そして再婚イベントが発生したときであった。末子年齢が低いときには、先の分析で明らかになったように正規雇用への転換が難しくなるだけでなく、退職の可能性をも高めてしまうようだ。それは「子どものために仕事を辞めなければならない」状況があること、すなわち子育てにかかわるすべての負担、すべての責任がシングルマザーの肩にかかっていることを示唆している。また、失業率が高く景気が悪いときには、労働者側は、離職すると次の就業先を見つけにくくなるので、退職という行動をとりにくくなると思われるが、企業側は人件費削減等のために、労働者の離職をうながす可能性が高くなる。シングルマザーについては、後者の企業側の意向が強く働いている。つまり、シングルマザーは景気変動による雇用の調整弁とされる傾向が強く、景気が悪く失業率が高いときには、退職せざるをえない状況におかれてしまう可能性が高い。分析結果は、シングルマザーが労働市場において、周辺的な位置におかれていることを示している。また、再婚イベントがおこったときには、退職する可能性が高まることも明らかになった。このことは、先にふれたようなシングルマザーが労働市場において周辺的な位置におかれていることとも関連しているのかもしれない。再婚し、おそらく家計の経済状況が好転した状況下では、キャリアの展望をもてない仕事を続けることには、大きなインセンティブがなくなるだろう。しかし同時にそれは、女性が性別分業体制に再び囲いこまれ、経済的な自立の道を閉ざすことをも意味している。結婚という制度は、それが再婚であっても、性別分業と強い結びつきをもっている。

シングルマザーの就業を難しくする、日本に特徴的な雇用関係

シングルマザーの就業を難しくしているのは、「安定した、よい仕事」が正規雇用者にしか与えられず、しかし正規雇用者には「安定した、よい仕事」とひきかえに強い時間的拘束が課せられるという、日本に特徴的な雇用関係ではないかと思われる。正規雇用の「強い時間的拘束」を受けいれることのできない、とりわけ幼い子どもをもつシングルマザーの多くは非正規雇用で就業せざるをえない。しかしそれはまた、経済状況が悪化すると退職せざるをえない状況におかれてしまうような、「不安定な、先の見通しのもてない」仕事でもある。「安定した、よい仕事」と、強い時間的な拘束との、強すぎる結びつきを解きほぐすこと、それが、就業率が高いにもかかわらず所得が低いという日本のシングルマザーの生活の改善に寄与するのではないだろうか。そしてそれは、シングルマザーの生活のみにかかわる問題ではない。「安定した、よい仕事」が強い時間的拘束を受けいれることとひきかえにしか得られないために、不本意な働きかたを選択し、受けいれざるをえない人が、おそらく日本社会には少なくないからだ。

第8章

「子育ても仕事も」が可能な社会へ

1．国際比較からみえる日本の女性の働きかた

女性の就業率の増加は、ほとんどの産業社会で共通にみられる現象である。しかしその内実は社会によって多様である。異なる社会との比較のなかでみえてくるのは、子どもを育てる日本の女性の働きかたは、産業化の進んだ社会のなかでは、むしろ特異なものであるということだ。以下に、その特徴を3点に絞って論じる。

就業率の増加に比例しない、幼い子どもをもつ女性の就業率

第1に、多くの社会において、女性の就業率の増加は、幼い子どもを育てる女性の就業率の増加をともなっていた。しかし日本では、女性の就業率は増加する一方で、幼い子どもをもつ女性の就業率は、依然低いままである。OECD（2011）では子どもをもつ女性の就業率の国際比較をおこなっているが、例えばスウェーデンやデンマークでは、16歳以下の子どもをもつ女性全体の就業率は、それぞれ80％、70％強であり、2歳以下の子どもをもつ女性の就業率は両国ともに70％程度である。一方日本は、16歳以下の子どもをもつ女性全体の就業率は60％程度であるものの、2歳以下の子どもをもつ女性の就業率は30％程度にとどまっている[24]。同様の傾向をみせる国にハンガリーやチェコ共和国などがあるものの、幼い子どもをもつ女性の就業率のみが低いという傾向はOECD諸国のなかでは、むしろまれである。

24　ただしOECD（2011）の比較で使用されている日本のデータは2001年のものである。2012年実施の就業構造基本調査によると、末子2歳以下の世帯の妻の有業率は42.1％である（数値は総務省統計局ホームページより得た）。しかし末子17歳以下の世帯の妻の有業率が60.2％であるのと比較すると、依然として差がみられる。

みえない「高学歴化」の効果

第２に、多くの産業社会でみられる高学歴化の傾向のなかで、高等教育を受けることは、女性の就業をうながす効果をもっていることが確認されている。例えば、EU 諸国（西ドイツ、スペイン、フランス、イタリア、オランダ、イギリス）の女性の就業行動を比較分析した Vlasblom and Schippers（2004）は、すべての国において、高等教育を受けた女性はそうではない女性に比べて就業する傾向が高いとともに、幼い子どもをもつことが女性の就業を抑制する度合いも、高等教育を受けた女性において、より小さいことを明らかにしている。また Brewster and Rindfuss（2000）は、EU 諸国、米国、カナダ、オーストラリアなどの研究動向をレビューし、高等教育を受けた女性は、仕事を辞めにくく、もし仕事を離れることがあっても、より早く仕事に戻る傾向があり、そうした教育の効果は異なるデータを通して、また時代を超えて“robust（頑健）”であると結論づけている。しかし日本では、高等教育を受けた女性の就業率は OECD 諸国のなかでも韓国とならんで相対的に低く（OECD, 2009）、また本書の分析においてもみてきたように、子どもを育てる女性の就業を促進する効果もみられない。女性が高等教育を受けることが、女性全体、あるいは子どもを育てる女性の就業率の上昇に結びついていないことも、日本に特徴的な点である。

みえない「短時間労働」のメリット

第３に、短時間労働、あるいはパートタイム労働は、とりわけ子どもが幼いあいだの有効な働きかたであるといわれる社会もある。しかし日本では、乳幼児をもつ女性の就業率は低い。日本の女性の多くは、子どもが幼いあいだはパートタイムで働くよりは、むしろ、仕事を辞める、働かないでいるという選択をすることが多い。

スウェーデンでは、1988 年から 1990 年のあいだに第 1 子を出産した女性のうち、その期間ずっと非就業であった女性は約 2%、フルタイム就業から非就業になった女性も 5% 未満である（Sundström, 1997）。その背景には、育児休暇の充実とともに、幼い子どもがいるあいだは、のちにフルタイムに戻る権利が保障されつつ労働時間を短くすることができることや、社会保障給付や有給休暇、雇用の安定性などの面での権利が保障されたかたちで、パートタイム労働に就くことができることがあると論じられている。つまりスウェーデンにおいては、幼い子どもを育てている期間に、仕事を辞めるのではなく、短時間労働をすることによって就業を継続することが可能になっている。

またオランダは、女性（15–64 歳）の就業率が 1980 年には 30%台であったのが、2008 年には 70%に増加し（OECD, 2011）、また 2 歳以下の子どもをもつ女性の就業率も 2005 年で 70%近くに達している（OECD, 2009）。こうした女性の就業率の増加の背景には、パートタイム労働の機会の増大があると指摘されている。De Graaf and Vermeulen（1997）によると、パートタイム労働者は女性に多いことから、パートタイム労働の広がりがジェンダー間の不平等の是正にはすぐさまつながらないとしながらも、オランダのパートタイム労働はフルタイム労働と比べて、時間あたりの賃金や雇用の安定性に大きな差異はないことから、有配偶女性のパートタイム就業は、女性の家庭内での地位を向上させ、のちにフルタイム労働に戻ることをたやすくするすべとなると論じている。

日本の特異性の理由

このように日本の子どもを育てる女性の働きかたは、他の社会と比較すると、いくつかの特徴的な側面があることがわかる。そして、本書の分析結果をふりかえると、子どもを育てる日本の女性が、なぜそのような、他の社会と比較したときに特異ともみえる働きかたをしているのかがみえてくる。のちに、本書の議論をふりかえるなかで再度ふれるが、端的にいうとそれは、日本の労働市場においては、子どもをもつ女性が「働き続けられる職場」と「働き続けられる仕事」は非常に限定的であったからである。「働き続けられる職場」や「働き続けられる仕事」に就いていない限りは、たとえ高等教育を受けていたとしても、子どもをもつと退職せざるをえず、再びキャリア形成をしていくようなポジションやルートも用意されていない。このことが、子どもを育てる日本の女性の働きかたを、現在のようなものにしているのだ。

2．本書の知見

本書では、結婚・出産を経た女性の働きかたについて、「変わることが期待された」であろう、1960年代・1970年代生まれを中心として、出産前後、そして出産後からポスト育児期にかけてのライフコースにわたる就業行動を考察してきた。また、他の多くの産業社会同様に日本でも増加傾向にあるシングルマザーについても、その就業キャリアについて考察した。以下に、「消費生活に関するパネル調査」の分析をとおして明らかになったことをふりかえっておきたい。

変わっていなかった、出産を経た女性の就業継続

第1章において、いわゆる「M字型カーブ」の形状の変化それ自体は、結婚や出産といったライフイベント経験と就業継続との関係や、女性の就業キャリアの変化については多くを語っていないということを確認した。

そのうえで、続く第2章では、結婚後および出産後の女性の就業率、あるいは結婚や出産をはさんだ就業継続率について分析した。先行研究の知見もふまえて検討したところ、結婚時の女性の就業率は、1940年代生まれで50%弱であったのが、1950年代生まれでは50%台半ば、1960年代生まれで60%強、1970年代生まれで70%程度と、だんだん増加している。就業継続率については、いつからいつまでの継続率を考えるか、またどのような層を分母にとるかで数値が左右されることに留意が必要である。結婚前年から結婚年にかけての就業継続者割合は、1960年代・1970年代生まれともに60%台であるが、結婚前年から結婚翌年にかけての就業継続者割合は40%台となる。さらに、正規雇用就業継続者に限定すると、結婚前年から結婚翌年にかけての継続者割合は、1960年代生まれ・1970年代生まれともに各コーホート全体の25%程度である。すなわち、「若い世代ほど、結婚にかかわらず働くようになった」といわれるとき、「若い世代ほど、結婚後も正規雇用就業を継続する女性が増えた」というニュアンスを読みこんではならない。若い世代ほど非正規雇用者割合が増加していることに加え、結婚翌年にかけての正規雇用就業継続者割合は、1970年代生まれでも全体の25～30%程度と、それほど高くはない。

出産後の就業には、どのような傾向がみられただろうか。第1子出産1年後の就業率は、1940年代から1970年代生まれにかけ

て、25 ～ 30%程度で推移し、正規雇用就業率は 10 ～ 15%程度と、それほど大きな変化がみられない。つまり、1940 年代から 1970 年代生まれにかけての女性においては、結婚時の就業率は高まる一方で、出産を経た就業行動には大きな変化がみられていないことが確認された。「若い世代ほど、出産にかかわらず働く女性が増えた」とはいえないのである。

出産を経た女性の就業行動に変化がみられなかった理由

ではなぜ、出産を経た女性の就業行動には変化がみられないのだろうか。あるいは、出産をはさんで仕事を辞める女性が、今なお多いのはなぜだろうか。第 3 章において、そうした女性の就業行動を説明しうる理論的パースペクティブを確認し、第 4 章では、そこから導かれる女性の就業行動を左右する要因が、戦後の日本社会の歴史的文脈のなかで、どのように変動してきたかを検討した。

第 5 章では、すでにその世代の多くが出産・育児を経験している世代である 1960 年代・1970 年代生まれの女性について、彼女たちが「なぜ」出産を機に仕事を離れていったのか、その背景について分析した。

分析の結果明らかになったのは、第 1 子出産を経ても就業できる、あるいは出産した後 10 年働き続けられるのは、専門・技術職や教員という職業、あるいは官公庁という職場、そして正規雇用という、非常に限られた職種や職場、働きかたしかないということである。専門職や教員の多くが勤務する学校や病院、あるいは官公庁という職場は、家族責任を果たす人に比較的配慮ある職場である場合が多いと思われる。またそのポジションは、資格をともなう場合が多く、それゆえに雇用も比較的安定的であるだろう。そうした職場や職種に就くことのできた人のみが、出産後も働くことができている。それは裏を返すと、その他の多種多様な職場で、多様な職種に従事する人には、出産後のほどない時期に働くこと、出産後も働き続けることは困難であるということだ。

1960年代・1970年代生まれの女性たちが出産・育児期をすごした日本の労働市場においては、子どもをもつ女性が「働き続けられる職場」と「働き続けられる仕事」は非常に限定的であった。就業継続できたのは「安定的な雇用と、その先のキャリア形成の見込み」と「家族をもつ人に配慮ある職場」の双方の条件を満たした、ごく限定された仕事や職場に就いた人のみであった。この世代の女性の大多数が出産前後に仕事を辞めた背景には、そこが「働き続けられる職場でなく」、また「働き続けられる（働き続けようと思う）仕事でなかった」ことがあるといえるだろう。

再就職後のキャリア形成を阻むもの

次に第6章では、出産後からポスト育児期にかけての女性の就業キャリアについて検討した。1960年代および1970年代生まれの女性において、第1子出産年では70%程度が就業していなかったが、第1子が就学するころまでに、約半数が仕事をもつようになる。第1子出産年に就業していなかった人の再就職行動にも、親との居住距離や子ども数といった家族的要因のほかに、職種が関連していた。初職が事務職であった人に比べて、専門・技術職や自営業であった人は再就職する確率が高かった。その背景には、日本の企業のジェンダー化された人材育成システムのなかで、出産・育児でいったん退職した女性が、再びキャリア形成していけるようなポジションが、企業に用意されていないことがあると推察された。

また、そうした企業の人材育成システムから外れた女性の多くは、再就職時に結果的に非正規の販売・サービス職や技能・労務職に就く。しかし再就職後のさらなる就業変化を分析したところ、非正規雇用者としてこれらの職業に就いた場合には、その後正規雇用や自営業など、キャリア形成の面でプラスになりうるような変化を経験しにくいことも明らかになった。非正規で再就職したのちのキャリア形成のルートも、きわめて限定的である。

さらに第5章および第6章の分析からは、出産後のほどない時期から、その後の就業継続、再就職という女性の就業キャリアの長い期間をとおして、親と同居する、あるいは親の近くに住むことが、女性の就業を促進する効果をもつことが明らかになった。親の近くに住み、親からのサポートを受けられるということは、出産直後から、その後女性が子どもを育てながら就業する長い期間をとおして重要な意味をもっている。しかし、親というサポート資源は、女性自身の親か夫の親しかいないという限定的なものであると同時に、「いつでも」「誰にでも」利用できるものでもない。その意味では、女性の就業が親からのサポートに大きく依存して成り立っているような状況は、再検討を要する。

正規雇用者の働きかたとシングルマザー

また第7章では、シングルマザーの就業キャリアについて検討した。シングルマザーの就業率自体は、シングルマザーになった時点から10年後まで、80%か、それ以上と高い水準であった。ただし、離死別年に正規雇用されていなかった人が、その後正規雇用の職を得たり、正規雇用へ転換したりすることは、それほど容易ではないことが示唆された。また、幼い子どもをもつことは、正規雇用への転換の障壁となっていると同時に、退職のリスクすら高めることも明らかになった。シングルマザーにとって、幼い子どもを育てることと、正規雇用就業することとは、両立しがたい現状がある。その背景には、日本の正規雇用者が、高賃金と雇用保障の見返りとして、企業から強い時間的拘束を受けることがあるのではないかと推察された。

3.「子育ても仕事も」できる社会に向けて

以上の分析結果をふまえて、これからの世代の人たちが、子どもを育て、かつ仕事も続けていけるような社会をつくっていく方向性として、本書では２つのことを提案したい。ひとつは、「安定した、よい仕事」を働く時間に柔軟性のある働きかたにすること、もうひとつは、「安定した、よい仕事」にキャリアの途上から参入するルートをつくること、である。

「安定した、よい仕事」に働く時間の柔軟性を

１点目から論じよう。まず「安定した、よい仕事」とは、やりがいや責任があり、昇給や昇進の見込みがあると同時に、雇用が安定し、社会保険等のセーフティネットで守られているような仕事をさす。現状では、正規雇用の機会を得た人の多くは、こうした仕事に就いている。けれどもこうした仕事に就く人は、その見返りとして、長時間労働と休みにくさという時間的拘束を受けいれなければならない。第７章のシングルマザーの就業キャリア分析で、とりわけ明らかだったように、現状では、「安定した、よい仕事」＝正規雇用就業は、幼い子どもを育てることと両立しがたい。おそらくその数少ない例外が、官公庁という職場での仕事や、教員、病院等で勤

務する専門職なのだろう。こうした職場で働く例外を除いて、1960年代・1970年代生まれの女性の大多数が出産を機に退職しなければならなかったのは、その仕事がたとえ「安定した、よい仕事」であっても、子どもを育てながら続けていくこととは両立しがたいような、強い時間的拘束を課すものだったからではないかと思われる。「安定した、よい仕事」に、働く時間に柔軟性のある働きかたで従事することができれば、子どもを育てながら「安定した、よい仕事」を続けていくことは十分可能であるはずだ。

「親に頼らなければ乗り切れない」のではなく…

わたしは、「安定した、よい仕事」に働く時間の柔軟性をもたせることが、いちばんの子育て基盤になるのではないかと考えている。本書の分析結果で、女性の就業キャリアの長い期間にわたって、親が近くに住んでいることが女性の就業を支える側面があることが明らかになった。その理由のひとつには、むろん「親しか頼れない」という日本社会に特徴的な子育てネットワークの限定性があると思われる。女性と同等かそれ以上の長時間労働に従事する夫は頼ることができず、地域でのネットワークも、たやすくはつくっていくことができない、有償の家事・育児サービスも、価格のうえで、また規範的な意味で利用しにくい（「親」が子どもの世話をするべきであるという暗黙の了解、他人に自分の家の中を見せることへの抵抗感など）なかでは、実質的に頼ることができるのは女性自身かパートナーの親に限られてしまう。

しかしもうひとつ別の理由として、現状においては子どもを育てながら仕事をしようとするときに、「親に頼らなければ乗り切れない局面」があることが、女性の就業に親からのサポートが不可欠になっていることの背後にあると考える。子どもを育てながら働くときに、親からの助けが必要な場面を想起してみよう。もちろん子どもが保育園に入ることができず、日中親に子どもの世話をしてもらいながら働くということもあるだろう。しかし、子どもが保育園に入ることができたとしても、急な（あるいは慢性的な）残業、休日出勤、子どもの病気など、保育園の保育時間以外で親に頼らなければならない場面は多い。また子どもが小学生になってからも、子どもの帰宅時間が早いときに、子どもだけを家においておけないという場面がでてくることもある。こうした「急な」「（保育園や学校の）時間外での」助けが必要なときに、親に頼ることで、女性（もちろん男性も）の就業が可能になっている側面がある。これは逆にいえば、働きかたのほうが、これらの事態に対処できないということだ。「急な」「時間外の」子どものニーズに、両親の働く時間をもっと柔軟にあわせることができるなら、子どもを育てながら仕事をもつことは、もっと容易に、しかももっと楽しいものになるはずだ。

保育園の整備は子どもの権利を保障する観点から

「安定した、よい仕事」に働く時間の柔軟性をもたせることこそが、いちばんの子育て基盤であるという議論と関連していえば、わたしは、近年保育園の整備についての議論が、少子化や親のワーク・ライフ・バランスの観点からのみ論じられることには、やや違和感をもっている。保育園の整備は、子どもに集団的保育を受けることを権利として保障する、そのために、誰でもが利用できる良質な保育の機会を提供するという観点から、まずはおこなわれるべきでないかと思う。2014 年 3 月時点で、詳細は明らかになっていないものの、2015 年 4 月に施行予定の「子ども・子育て支援新制度」のもとでは、子どもの保育時間の上限が、親の就労状況をもとに決定されるしくみが導入されようとしている。このしくみにおいては、子どもの保育時間、登降園時間は親の労働時間によってバラバラになってしまい、子ども同士が「生活」のなかで関係を形成し、そこから学ぶ機会をうばうことになりかねない。乳幼児に対する社会的なケアと教育には「預かり」以上の意味がある。それは、丁寧な大人のかかわりと、継続的な子ども同士のかかわりの積み重ねのなかで、自分と他者は違うけれども、ともに大切な個であることを経験として学ぶ機会であり、「就学」以前に必要な、他者と関係をつくっていく力や、できないことにとりくんでみようとする意欲を育てる場なのだと思う。そうしたケアと教育を子どもが受ける機会は、親の就労の有無や労働時間によって左右されるべきものではない。親の労働時間によって、子どもの保育時間を決定しようとするしくみは、この発想を欠いているし、これは逆に「両立支援」の名のもとに、子どもの長時間保育を容認し、そこから派生しうる子どもの疲労や親子ですごす時間へのしわ寄せといった問題を放置することにもなりかねない。

「安定した、よい仕事」にキャリアの途上から参入するルートを

次に、「安定した、よい仕事」にキャリアの途上から参入するルートをつくる、という点について論じよう。多くの企業の人材育成システムにおいては、新卒労働者に対して、長期雇用を前提として、配置転換とそのなかでのOJT（on-the-job training）によって、企業特殊的な技能を習得させ、将来の企業活動の中枢を担う人材を育てようとしている。このプロセスのなかにいる限り、「安定した、よい仕事」を続けることができる。しかし、そこからいったん外れてしまうと、再参入の可能性は閉ざされている。おそらく多くの企業においては、出産や育児のために離職した女性が、再び「安定した、よい仕事」ができるポジション、再びキャリア形成していけるようなルート自体が用意されていない。現状では、そもそもこうした企業の人材育成システムとは異なる方法でキャリア形成していくような職業（専門・技術職や自営業）でしか、中断をはさんでのキャリア形成は望めない。多種多様な職業において、「安定した、よい仕事」にキャリアの途上から参入するポジションやルートをつくることによって、女性の人的資本を生かすことのできる機会は大いに高まるだろう。

このことはまた、非正規雇用の増大のなかで、新卒時に「安定した、よい仕事」に就けるとは限らなくなった現状においても、大きな意味をもつ。新卒時に「安定した、よい仕事」に就くことのできなかった人が、そのまま雇用が不安定でキャリア形成の見込みのない仕事に固定化されることは、社会のありかたとして望ましくない。新卒時に「その後のすべて」が決まってしまうのではなく、キャリアの途上でも「安定した、よい仕事」に就けるチャンスが開かれていることは、出産や育児を経験した女性の問題にとどまらない。それは、働く人すべてに「いつでも再チャレンジできる可能性」を開くという意味でも重要である。

このように考えると、「安定した、よい仕事」にキャリアの途上から参入するルートをつくることは、出産・育児で退職した女性に対する再雇用制度の創設という、狭い意味でのみとらえられるべきではない。再雇用制度そのものにも、もちろん意義はあるが、「安定した、よい仕事」にキャリアの途上からでも参入できるような、より広い意味での企業の職務配分や業績評価の方法を検討していく必要があるだろう。

「安定した、よい仕事」を働く時間に柔軟性のある働きかたにすること、また「安定した、よい仕事」にキャリアの途上から参入するルートをつくることは、結局は、より多様な人々のあいだで「安定した、よい仕事」をシェアすることにつながる。そしてそれは、育児や子育てについても、女性のみではなく男性もシェアできるような社会への、大きなステップになるだろう。

あとがき

本書の執筆で頭がいっぱい、学務も重なり多忙をきわめていたある日、普段は放課後、学童へ通う息子たちがふと、「あ〜、たまには学童休んで、おうちで（わたしと）いっしょにおやつ作って食べたいな〜」ともらすのを聞いた。そのときのわたしは、「…今はとっても忙しいから、…でも今の忙しいのがひと段落したら、学童休める日もあるかも…」と、しどろもどろにこたえるのが精いっぱいだった。学童では、おいしいおやつを食べさせてもらって、友達とも楽しく遊んでいる。けれども、子どもなりに「たまには…」というささやかな願いがあるのを知って、はっとさせられた。

子どもを育てながら働こうとするとき、多くの人が多かれ少なかれ悩むのが、この「時間の融通のきかなさ」なのではないかと思う。わたしは息子たちに「たまには学童休ませて」と言われたとき、辛うじて「忙しいのがひと段落したら」とこたえたが、職場によっては、仕事によっては、子どもの帰宅時間に合わせて仕事を終えることが不可能であったり、仕事が「ひと段落する」ときがこないような場合もあるだろう。現在の日本社会では、いったん仕事についたなら、組織の都合ではなく、働く人が自らの都合にあわせて働く時間をコントロールできる度合いは小さい。そして働く時間の融通性を獲得しようとすれば、昇進や昇給、スキルアップの機会など、犠牲にしなければならないことが多い。

本書の分析で明らかになったように、1960 年代・1970 年代生まれの女性の大多数が出産を機に仕事を辞めていた。そこには、企業の人材形成システムのなかで、先の見通しのもてる「安定した、よい仕事」が女性に与えられにくいことと同時に、たとえ「安定した、よい仕事」についていたとしても、その仕事が一部の職業を除いて、子どもを育てながら働き続けられるような条件にないことがあると思われる。近くに住む親からの援助が、出産前後だけではなく、その後の長い期間にわたって女性の就業を支えていたことからも、仕事をもつ人が、家族のために仕事の時間を融通することの難しさがうかがえる。

仕事をするなら、安定した雇用条件のなかで、やりがいと相応の見返りのある仕事をしたいと、多くの人が願っているはずだ。そうした仕事が、強い時間的拘束とのひきかえにしか得られない、また、そうした仕事からいったん退くと、再び戻れるチャンスが閉ざされてしまっていることが、今の日本社会で子どもを育てながら、仕事に——ときには「細く」ときには「太く」——たずさわっていくことを難しくしている。

本書の議論は、1960年代生まれ、1970年代生まれの女性の就業行動の分析をもとに展開した。今まさに、その多くが出産・育児期をむかえつつある1980年代生まれとそれ以降の世代の就業行動が、経済・社会状況の変動のなかで、どのように展開されるかについては、今後もひき続き検討していきたい。

子どもを育てることも、働くことも、どちらにも、そこにしかない喜びと味わいがあると思う。その両方を、願う人は誰でもがあたりまえに追求できるような社会をつくっていくために、本書の議論がささやかでも貢献できることを願う。

本書の第1章および第3章の議論は、以下の論文を土台としている。

「女性の就業と子育て―就業キャリア研究の展開」渡辺秀樹・竹

ノ下弘久編著『越境する家族社会学』学文社，2014 年，pp.37-54.

本書の分析でおもにもちいた、「消費生活に関するパネル調査」の個票データは、公益財団法人家計経済研究所から提供を受けた。ここに記して、お礼申し上げる。

本書で提示した分析結果の一部は、文部科学省より助成を受けた科学研究費基盤研究（C）「ポスト育児期の女性のワーク・ライフ・バランスに対する就業キャリアのインパクト」（課題番号 25380704）の成果である。

本書をまとめるにあたっては、弘文堂編集部の中村憲生さんに大変お世話になった。お話をいただいたのは 2010 年のことであったのに、筆が進まないうえに、わたし自身のお産も重なり、そのあいだ、ほんとうに辛抱強くお待ちいただいた。原稿をやりとりする最中にいただいた、「誰にむけて書くのかを忘れずに」「単なる『研究』ではなく社会にむけた主張を」というお言葉が、本書をゴールまで導いてくださった。

最後に、わたしの相談にいつも耳を傾けてくれる夫と、「（原稿）書けた？」とわたしにたずねるほどに成長した長女をはじめ、成長に伴走させてくれている子どもたちに、心からの感謝の言葉を贈りたい。

2014 年 3 月　多摩丘陵の研究室にて

西村 純子

参考文献

Avison, William R. and Ian H. Gotlib, 1994, "Introduction and Overview," William R. Avison and Ian H. Gotilib eds., *Stress and Mental Health : Contemporary Issues and Prospects for the Future*, New York : Plenum Press, 3-12.

Becker, Gary S., 1975, *Human Capital : The Theoretical and Empirical Analysis, with Special Reference to Education, Second Edition*, New York : National Bureau of Economic Research, distributed by Columbia University Press. (= 1976, 佐野陽子訳『人的資本――教育を中心とした理論的・経験的分析』東洋経済新報社.)

Blossfeld, Hans-Peter and Sonja Drobnic eds., 2001, *Careers of Couples in Contemporary Society*. Oxford : Oxford University Press.

Bolssfeld, Hans-Peter and Heather Hofmeister eds., 2006, *Globalization, Uncertainty and Women's Careers : An International Comparison*, Cheltenham : Edward Elger Publishing.

Brewster Karin L. and Ronald R. Rindfuss, 2000, "Fertility and Women's Employment in Industrialized Nations," *Annual Review of Sociology*, 26 : 271-96.

Brinton, Mary C., 1993, *Women and the Economic Miracle : Gender and Work in Postwar Japan*, Berkley : University of California Press.

De Graaf, Paul and Hedwig Vermeulen, 1997, "Female Labour-Market Participation in the Netherlands : Development in the Relationship between Family Cycle and Employment," Hans-Peter Blossfeld and Catherine Hakim eds., *Between Equalization and Merginalization : Women Working Part-Time in Europe and the United States of America*, New York : Oxford University Press, 191-209.

Esping-Andersen, Gøsta, 1990, *The Three Worlds of Welfare Capitalism*, Cambridge : Polity Press. (= 2001, 岡沢憲芙・宮本太郎監訳『福祉資本主義の三つの世界』ミネルヴァ書房.)

Esping-Andersen, Gøsta, 1999, *Social Foundations of Postindustrial Economies*, New York : Oxford University Press. (= 2000, 渡辺雅男・渡辺景子訳『ポスト工業経済の社会的基礎』桜井書店.)

藤原千沙, 2012,「母子世帯の貧困と学歴――2011年調査からみえてきたもの」『現代思想』40 (15) : 158-65.

舩橋晴俊, 2012,『社会学をいかに学ぶか』弘文堂.

樋口美雄, 2000,「パネルデータによる女性の結婚・出産・就業の動学分析」『現代経済学の潮流』109-48.

樋口美雄, 2007,「女性の就業継続支援策――法律の効果・経済環境の効果」『三田商学研究』50 (5) : 45-66.

平尾桂子, 2005,「女性の学歴と再就職――結婚・出産退職後の労働市場再参入過程のハザード分析」『家族社会学研究』17 (1) : 34-43.

Hofmeister, Heather, Hans-Peter Blossfeld and Melinda Mills, 2006, "Globalization, Uncertainty and Women's Mid-Career Life Courses : A Theoretical Framework," Hans-Peter Blossfeld and Heather Hofmeister eds., *Globalization, Uncertainty and Women's Careers : An International Comparison*, Cheltenham: Edward Elger Publishing, 3-31.

本田一成, 2010,『主婦パート最大の非正規雇用』集英社.

今田幸子, 1996,「女子労働と就業継続」『日本労働研究雑誌』433 : 37-48.

今田幸子・池田心豪, 2006,「出産女性の雇用継続における育児休業制度の効果と両立支援の課題」『日本労働研究雑誌』553 : 34-44.

児童福祉法規研究会編, 1999,『最新児童福祉法母子及び寡婦福祉法母子保健法の解説』時事通信社.
小原美紀，2001,「専業主婦は裕福な家庭の象徴か？——妻の就業と所得不平等に税制が与える影響」『日本労働研究雑誌』493 : 15-29.
小島宏，1995,「結婚、出産、育児および就業」人口・世帯研究会監修，大渕寛編『女性のライフサイクルと就業行動』大蔵省印刷局，61-87.
国立社会保障・人口問題研究所，2003,『平成14年第12回出生動向基本調査（結婚と出産に関する全国調査）第Ⅰ報告書　わが国の夫婦の結婚過程と出生力』厚生統計協会.
小尾恵一郎，1980,「労働需給」熊谷尚夫・篠原三代平編,『経済学大辞典（第2版）Ⅱ』東洋経済新報社，13-28.
厚生省，1998,『少子社会を考える——子どもを産み育てることに「夢」を持てる社会を　厚生白書　平成10年版』ぎょうせい.
Mincer, Jacob, 1962, "Labor Force Participation of Married Women : A Study of Labor Supply," National Bureau of Economic Research ed., *Aspects of Labor Economics*. Princeton : Princeton University Press, 63-105.
永瀬伸子，1994,「既婚女子の雇用就業形態の選択に関する実証分析——パートと正社員」『日本労働研究雑誌』日本労働研究機構，418 : 31-42.
永瀬伸子，1999,「少子化の要因：就業環境か価値観の変化か——既婚者の就業形態選択と出産時期の選択」『人口問題研究』国立社会保障・人口問題研究所，55（2）: 1-18.
永瀬伸子，2003,「母子世帯の母のキャリア形成、その可能性——『就業構造基本調査平成9年』を中心に」日本労働研究機構編『母子世帯の母への就業支援に関する研究』日本労働研究機構, 239-289.
内閣府，2009,『危機の克服と持続的回復への展望　経済財政白書　平成21年版』内閣府ホームページ（http://www5.cao.go.jp/keizai3/keizaiwp/）.
内閣府男女共同参画局，2013,『男女共同参画白書　平成25年版』内閣府男女共同参画局ホームページ（http://www.gender.go.jp/）.
内閣府経済社会総合研究所企画・監修・小峰隆夫編，2011a,『日本経済の記録——第2次石油危機への対応からバブル崩壊まで』佐伯印刷.
内閣府経済社会総合研究所企画・監修・小峰隆夫編，2011b,『日本経済の記録——金融危機、デフレと回復過程』佐伯印刷.
中村隆英，1993,『日本経済——その成長と構造〔第3版〕』東京大学出版会.
中村隆英，2007,『昭和経済史』岩波書店.
中村隆，1993,「コーホート」森岡清美・塩原勉・本間康平編『新社会学辞典』有斐閣，471.
西村純子，2009,『ポスト育児期の女性と働き方——ワーク・ファミリー・バランスとストレス』慶應義塾大学出版会.
Nishimura, Junko, 2013, "What Determines Employment of Japanese Women with Infants? : Comparison among National Family Research of Japan（NFRJ）1998, 2003, and 2008," paper presented at International Sociological Association Research Committee 06 2013 Spring Conference, held in Taipei.
尾高煌之助，1984,『労働市場分析』岩波書店.
OECD, 2008, *Growing Unequal? : Income Distribution and Poverty in OECD Countries*, Paris : OECD Publishing.
OECD, 2009,『国際比較——仕事と家族生活の両立 OECD ベイビー＆ボス総合報告書』明石書店.
OECD, 2011, *Doing Better for Families : Families are Changing*, Paris : OECD Publishing.
尾嶋史章，2011,「妻の就業と所得格差」佐藤嘉倫・尾嶋史章編『現代の階層社会1——格差と多様性』東京大学出版会 : 113-27.

大石亜希子，2012a，「母子世帯は働いていてもなぜ貧困か――養育費施策への示唆」『週刊社会保障』2705 : 50-5.

大石亜希子，2012b，「非正規就業が母子世帯の貧困とセーフティーネットからの脱落に及ぼす影響――就業履歴からのアプローチ」労働政策研究・研修機構編『シングルマザーの就業と経済的自立』労働政策研究・研修機構，79-98.

大沢真知子，1993，『経済変化と女子労働――日米の比較研究』日本経済評論社 .

大沢真知子・鈴木春子，2000，「女性の結婚・出産および人的資本形成に関するパネルデータ分析――出産退職は若い世代で本当に増えているのか」『季刊　家計経済研究』財団法人家計経済研究所，48 : 45-53.

大沢真理，1993，『企業中心社会を超えて――現代日本を＜ジェンダー＞で読む』時事通信社 .

大沢真理，2002，『男女共同参画社会をつくる』日本放送出版協会.

大沢真理，2007，『現代日本の生活保障システム――座標とゆくえ』岩波書店 .

Phelps, Edmund S., 1972, "The Statistical Theory of Racism and Sexism," *The American Economic Review*, 62（4）: 659-661.

Piore, Michael J., 1975, "Notes for a Theory of Labor Market Stratification," Richard C. Edwards, Michael Reich, and David M. Gordon eds., *Labor Market Segmentation* : Lexington : D.C Heath and Company, 125-150.

坂本有芳，2009，「人的資本の蓄積と第一子出産後の再就職過程」『国立女性教育会館研究ジャーナル』13 : 59-71.

佐藤哲彰，2011，「非常雇から正規常雇への転換――母子世帯の母は不利なのか」『三田学会雑誌』103（4）: 601-618.

仙田幸子，2002，「既婚女性の就業継続と育児資源の関係――職種と出生コーホートを手がかりにして」『人口問題研究』国立社会保障・人口問題研究所，58（2）: 2-21.

新谷由里子，1998，「結婚・出産期の女性の就業とその規定要因――1980 年代以降の出生行動の変化との関連より」『人口問題研究』国立社会保障・人口問題研究所，54（4）: 46-62.

周燕飛，2008，「アンケート調査――母に聞く『仕事と生活と支援について』」労働政策研究・研修機構編『母子家庭の母への就業支援に関する研究』労働政策研究・研修機構，165-207.

周燕飛，2012，「母子世帯の母親における正社員就業の条件」『季刊・社会保障研究』48（3）: 319-333.

Sokoloff, Natalie J., 1980, *Between Money and Love : The Dialectices of Women's Home and Market Work*, New York : Preager.（= 1987，江原由美子他訳『お金と愛情の間――マルクス主義フェミニズムの展開』勁草書房 .）

菅桂太, 2011,「有配偶女子のワーク・ライフ・バランスとライフコース」『人口問題研究』67（1）: 1-23.

Sundström, Marianne, 1997, "Managing Work and Children : Part-Time Work and the Family Cycle of Swedish Women," Hans-Peter Blossfeld and Catherine Hakim eds., *Between Equalization and Merginalization : Women Working Part-Time in Europe and the United States of America*, New York : Oxford University Press, 272-88.

田村和之，2004，『保育所の民営化』信山社 .

田中重人，1998，「高学歴化と性別分業」盛山和夫・今田幸子編『1995 年 SSM 調査シリーズ 12：女性のキャリア構造とその変化』1995 SSM 調査研究会，1-16.

Vlasblom, Jan Dirk and Joop J. Schippers, 2004, "Increases in Female Labour Force Participation in Europe : Similarities and Differences," *European Journal of Population*, 20 : 375-92.

渡辺峻，2004，「コース別雇用管理と男女協働を巡る諸問題」渡辺峻・中村艶子『男女協働の職場づくり』ミネルヴァ書房，92-128.

山口一男，2009,『ワークライフバランス——実証と政策提言』日本経済新聞出版社.
大和礼子，2011,「女性のＭ字型ライフコースの日韓比較——出産後の再就職に注目して」佐藤嘉倫・尾嶋史章編『現代の階層社会１——格差と多様性』東京大学出版会：161-75.
吉田崇，2004,「Ｍ字曲線が底上げした本当の意味——女性の『社会進出』再考」『家族社会学研究』16（1）：61-70.
湯澤直美・藤原千沙・石田浩，2012,「母子世帯の所得変動と職業移動——地方自治体の児童扶養手当受給資格者データから」『社会政策』4（1）：97-110.

【著者紹介】

西村純子（にしむら　じゅんこ）

明星大学人文学部教授。慶應義塾大学大学院社会学研究科修了、博士（社会学）。専攻は、家族社会学。

主な著作に、『ポスト育児期の女性と働き方――ワーク・ファミリー・バランスとストレス』（慶應義塾大学出版会、2009 年）、『現代家族の構造と変容――全国家族調査〔NFRJ98〕による計量分析』（共著：東京大学出版会、2004 年）、『現代日本人の家族――NFRJ からみたその姿』（共著：有斐閣、2009 年）、『社会学入門』（共著：弘文堂、2010 年）、*Changing Families in Northeast Asia : Comparative Analysis of China, Korea, and Japan*（共著：Sophia University Press, 2012）、『越境する家族社会学』（共著：学文社、2014 年）などがある。

子育てと仕事の社会学
――女性の働きかたは変わったか

現代社会学ライブラリー 15

2014（平成26）年8月15日　初版 1 刷発行
2016（平成28）年9月30日　同　2 刷発行

著　者　西 村 純 子

発行者　鯉 渕 友 南

発行所　株式会社　弘 文 堂　101-0062 東京都千代田区神田駿河台1の7
TEL 03(3294)4801　振替 00120-6-53909
http://www.koubundou.co.jp

装　丁　笠 井 亞 子

組　版　スタジオトラミーケ

印　刷　大 盛 印 刷

製　本　井上製本所

ISBN978-4-335-50137-1